互联网时代大学生思想政治教育改革路径探索

赵婷婷 马 佳 秦 曼 著

吉林大学出版社

·长春·

图书在版编目（CIP）数据

互联网时代大学生思想政治教育改革路径探索 / 赵婷婷, 马佳, 秦曼著. -- 长春 : 吉林大学出版社, 2022.6

ISBN 978-7-5768-0560-4

Ⅰ. ①互… Ⅱ. ①赵… ②马… ③秦… Ⅲ. ①大学生—思想政治教育—研究—中国 Ⅳ. ① G641

中国版本图书馆 CIP 数据核字 (2022) 第 174576 号

书　　名	互联网时代大学生思想政治教育改革路径探索
	HULIANWANG SHIDAI DAXUESHENG SIXIANG ZHENGZHI JIAOYU GAIGE LUJING TANSUO
作　　者	赵婷婷　马　佳　秦　曼　著
策划编辑	殷丽爽
责任编辑	董贵山
责任校对	周　鑫
装帧设计	李文文
出版发行	吉林大学出版社
社　　址	长春市人民大街 4059 号
邮政编码	130021
发行电话	0431-89580028/29/21
网　　址	http://www.jlup.com.cn
电子邮箱	jldxcbs@sina.com
印　　刷	天津和萱印刷有限公司
开　　本	787mm×1092mm　1/16
印　　张	11.75
字　　数	200 千字
版　　次	2023 年 1 月　第 1 版
印　　次	2023 年 1 月　第 1 次
书　　号	ISBN 978-7-5768-0560-4
定　　价	72.00 元

版权所有　翻印必究

前　言

随着互联网时代的到来，大数据的应用蓬勃发展。网络已经成为人类生产生活的主要平台，为社会信息结构奠定了坚实的基础，成为推动现代社会和经济发展的重要工具。网络的开放性、多元化、碎片化等特点给大学生思想政治教育带来诸多机遇，也提出了前所未有的挑战。思想政治教育工作者，要及时了解互联网环境下大学生思想政治的现状，掌握网络环境对大学生思想政治的积极与消极影响，提出符合互联网时代大学生的思想政治教育机制。在互联网的背景下，思政教育工作者可以充分借助新兴媒体的优势，让授课内容声色俱全，使教学手段更加直观化、生动化和具体化，可以让大学生有更好的听课感受，提高大学生听课的积极性和互动性。

本书第一章为互联网和大学生思想政治教育，分别介绍了移动互联网和新媒体、"互联网+"教育、互联网对大学生思想政治教育的影响三方面的内容；第二章为大学生思想政治教育，分别介绍了大学生思想政治教育的内涵和特征、大学生思想政治教育的内容和原则、大学生思想政治教育的目标和功能三方面内容；第三章为互联网时代大学生思想政治教育的发展，分别介绍了互联网时代大学生思政教育发展现状、互联网时代大学生思想政治教育发展、互联网时代大学生思想政治教育体系的构建三方面内容；第四章为互联网时代大学生思想政治教育教学探索，分别介绍了互联网时代大学生思政网络化教学、互联网时代大学生思想政治理论课实践教学、互联网时代大学生思想政治课程创新优化三方面内容；第五章为互联网时代大学生思政协同育人，分别介绍了互联网时代大学生思政协同育人基本内涵、互联网时代大学生思政协同育人现状及问题、互联网时代大学生思政协同育人策略三方面内容；第六章为互联网时代大学生思想政治教育改革路径，分别介绍了优秀传统文化和大学生思政教育融合、基于互联网教学平台的思政课改革、大学生思政教育采用新型教学方法和大学生思政教育中融入VR技术四方面内容。

在撰写本书的过程中，作者得到了许多专家学者的帮助和指导，参考了大量的学术文献，在此表示真诚的感谢。但由于作者水平有限，书中难免会有疏漏之处，希望广大同行及时指正。

作者
2021 年 8 月

目录

第一章 互联网和大学生思想政治教育……………………………1
 第一节 移动互联网和新媒体……………………………………1
 第二节 "互联网＋教育"…………………………………………8
 第三节 互联网对大学生思想政治教育的影响…………………13

第二章 大学生思想政治教育………………………………………20
 第一节 大学生思想政治教育的内涵和特征……………………20
 第二节 大学生思想政治教育的内容和原则……………………24
 第三节 大学生思想政治教育的目标和功能……………………36

第三章 互联网时代大学生思想政治教育的发展…………………41
 第一节 互联网时代大学生思政教育发展现状…………………41
 第二节 互联网时代大学生思想政治教育发展…………………54
 第三节 互联网时代大学生思想政治教育体系的构建…………71

第四章 互联网时代大学生思想政治教育教学探索………………81
 第一节 互联网时代大学生思政网络化教学……………………81
 第二节 互联网时代大学生思想政治理论课实践教学…………85
 第三节 互联网时代大学生思政课程创新优化…………………96

第五章　互联网时代大学生思政协同育人 …… 100
第一节　互联网时代大学生思政协同育人基本内涵 …… 100
第二节　互联网时代大学生思政协同育人现状及问题 …… 111
第三节　互联网时代大学生思政协同育人策略 …… 118

第六章　互联网时代大学生思想政治教育改革路径 …… 129
第一节　优秀传统文化和大学生思政教育融合 …… 129
第二节　基于互联网教学平台的思政课改革 …… 135
第三节　大学生思政教育采用新型教学方法 …… 151
第四节　大学生思政教育中融入 VR 技术 …… 164

参 考 文 献 …… 170

第一章　互联网和大学生思想政治教育

本章主要介绍了互联网和大学生思想政治教育，分别从移动互联网和新媒体、"互联网+教育"、互联网对大学生思想政治教育的影响这三方面进行详细的论述。

第一节　移动互联网和新媒体

一、移动互联网

（一）移动互联网的发展趋势

移动互联网在分析过程中，一般作为网络分支进行研究。移动互联网产业飞速发展，变化之快、规模之大前所未有，作为后起之秀独占互联网鳌头。传统互联网和通信电信产业的全面转型，早已说明移动互联网普及势在必行，各种产业也开始探寻与移动互联网的连接点，移动互联网的增效、提效将成为社会发展的新的目标。

移动互联网让更多个体真正参与到技术革新之中，感受技术带来的便利。在传统固定PC端互联网时期，互联网的运行者局限于一部分群体，而一大部分人并未真正感受到互联网带来的实际变化。而在移动互联网阶段，终端不再单一，加入了更多丰富的元素，从最开始的智能手机、平板电脑、电子阅读器终端的使用，移动互联网开始渗透到个人生活当中，用户在使用移动互联网后，生活开始发生翻天覆地变化。再到最近物联网技术的应用，移动互联网实现了物品与物品之间的连接，移动互联网参与到家具、穿戴中，终端变为电视机、微波炉、手表等一切存在于生活之中的事物。此外，移动互联网还实现了与传统行业的融合发展，催生了新的应用模式。以传统食品行业为例，生产加工销售是食品从原材料到制成成品的必经之路，而在销售环节，加入移动互联网后，食品销售由原本的个体售卖衍生出新的模式。外卖作为一种销售创新模式，让销售者与卖家之间不必直接面对面即可完成交易，在便利卖家的同时降低了商家的经营成本。

共享经济模式的开发，也重构了传统产业的利益链条，同时加强了各个要素与移动互联网的连接。更加人性化也是移动互联技术的一大趋势，在移动互联网下表现出更加注重用户体验的特征。随着触摸屏智能手机的推出，技术的革新使各生产企业在革新技术的同时，为增加产品吸引力更加注重用户的体验感，手机屏幕尺寸的更新迭代就是突出体现，各个版本不同英寸的手机决定了用户不同的使用感受。而大尺寸屏幕成为主流趋势，在便捷的同时更加人性化成为各个品牌的主打特色。移动互联网延伸出各类不同的商业模式。新冠疫情防控期间，直播带货销售产品成为促进经济发展的主流模式。不同主体通过移动互联网，将全国各地的产品销售到不同地区的新型销售模式，成为促进疫情防控期间经济发展的主要突破口。同时，搭载移动互联网，游戏、广告、视频通过互联网变现的能力也快速提升，更新了传统的商业模式。在移动互联网时代，大数据成为重点的价值挖掘对象，在未来的发展过程中，对大数据价值的深入挖掘、针对用户定制更加精准的个性化产品成为流行趋势。

（二）移动互联网的主要特点

移动互联网的特点主要集中在便携性、即时性。移动互联网的便携性表现在：出门前查看手机天气预报，用手机解锁共享单车到达站台，等车期间点开微信查阅今日社会生活大事，中午到饭点掏出手机购买一份外卖。尤其是在移动互联网迅速发展中，从微博取代博客、微信的普及，再到移动支付、共享出行、智能家居，伴随移动互联网的广泛使用，生活中我们已经变得更加"可移动化"，从前出门需要钥匙、钱包、身份证，现在只需将手机带在身边即可实现多重功能。

移动互联网实现移动的功能就是对于行动的解放，便携性的特点让移动互联网可贯穿到任何事物当中，不仅仅是手机、平板，还有各类电子产品，如蓝牙耳机、智能手表、智能眼镜等都能实现网络连接、移动佩戴的功能，拓展了移动互联网的应用面。

（三）移动互联网对大学生思政教育的影响

1. 移动互联网信息碎片化的冲击

碎片化的内容存在明显弊端，这些往往是就某一目的，经过人为处理后的信息，具有某些明确的结论和答案。这就在很大程度上造成了原本繁杂、深入的思想推演过程被简化、浅化、窄化和虚化，大量、长期、重复地接收此类信息必然会弱化大学生的思辨能力。

碎片化的主流意识形态对于主流意识形态教育而言，百害而无一利。碎片化的信息容易被断章取义，学生在阅读的过程中，或许一知半解，或许错位误读，很难直接让学生产生认同。很大一部分学生在接收到碎片化的主流意识形态信息后，无法提起兴趣，选择忽略。而部分学生则容易被不良言论带跑偏，错误理解主流意识形态的真正内涵，冲击了大学生主流意识形态教育的完整度，碎片化的信息与主流意识形态教育部分内容存在形式上的矛盾冲突，大学生在理解层面存在困惑，不利于主流意识形态教育的开展。

2. 移动互联网渠道杂芜化的冲击

移动互联网的重要载体——智能手机，已成为日常生活中必不可少的一部分，手机承载了日常生活的多种功能。除了必要的功能外，智能手机更是大多数人在空闲时间首选的消磨时光的工具。智能手机也是信息交换站，连接无线网络后，可以读图及实时分享动态、随手拍等，移动互联网可谓向人们打开了新世界的大门，开阔眼界、联通世界。

移动互联网的迅猛发展拓展了网络信息的传播渠道，信息传播的渠道由过去屈指可数的媒体到现在不可计数，仅仅用了不到十年的时间。媒体的传播分支已细化到生活的各个领域。渠道丰富的同时，也出现了渠道杂芜的问题。

部分渠道并不是单纯地传播信息，而是别有用心地在潜移默化中试图颠覆我国的主流意识形态。非主流意识形态的负面渠道将主流媒体的流量分化，吸引受众的好奇心，对于价值观尚未稳定的大学生而言，颇具蛊惑性的话语易让大学生难以分辨其正确性。

二、新媒体

（一）新媒体的含义

"新媒体"是对媒体发展的一次创新和改革，范围广、内容全、内涵丰富，是媒体发展与网络技术相结合的产物，实现了人人参与到媒体中来的质的飞跃。专家宫承波认为所谓新媒体，也就是借助全新的互联网信息技术手段给用户带来多样化的信息数据资源。清华大学熊澄宇教授则认为新媒体是相比较而产生的，现在的新媒体日后也可能演变成传统的媒体，现在的这些传统媒体之前也被人们称为新的媒体，他认为新媒体就是指新兴的网络平台。通过研究可以发现，我国对新媒体的相关概念的阐述多为宏观。如今，新媒体已经成为我们生活当中的一部分，人们普遍认同新媒体是一种全新的传播媒介，它借助信息、网络和数字技术，依靠移动和网络设备，向受众传递信息，提供各式各样的生活需求及服务。

新媒体以网络信息技术和通信技术的发展为基础，快速汇集、关联、组合各种信息，以多样的表现方式传达给受众，满足多样性需求。新媒体是不断发展的媒体，是对自己的不断更新，以满足需求为己任，多元、丰富、人性化的信息内容融入受众的生活之中，受众更愿意成为信息的主人，主宰信息，使信息在新媒体的传播效力远远高于传统媒体。新媒体是一个相对的概念，新媒体的"新"是与传统媒体相比较而言的，是对媒体的不断丰富和发展，丰富了传媒的传播渠道和方式。上海交通大学蒋宏和徐剑认为新媒体运用光纤网络和电子通信网络等数据信息，将卫星、手机和媒体信息进行多方位的互动。它既能够充分运用现代互联网中的信息数字技术，加快信息的传播速度和增强信息的传播路径，提高传播效率；也可以是一个综合性的信息网络基库，给用户带来全面、丰富的数据体验和信息资源。由此可以得出，新媒体既可以指运用网络技术、借助移动智能终端，使人人可以参与到媒体的产生、传播和成果共享中来；也特指以依靠网络传输为载体，以移动智能手机为终端，以受众最常见的新兴媒体软件为代表，可以实现及时、互动、便捷等新媒体的基本功能。

（二）新媒体的特点

匡文波教授介绍了很多新媒体所具备的特性，包括互动性、开放性、分众性、及时性还有数字化的特点。闻敏玲则认为新媒体具有开放性和隐匿性，人人都可以参与到新媒体中来，人人都可以通过屏幕发表想法。学者牟婉璐认为新媒体应该具有去中心、草根、即时的特点。由此可以得出，从新媒体的含义、种类及特点中，我们可以全面地对新媒体进行了解，为思政课教学中新媒体的运用做了良好的铺垫。

随着网络的发展及手机的普及，新媒体深入了我们的生活，相对于其他媒体，笔者认为新媒体以其互动性、开放性、即时性、草根性的特点在众多媒体中后起，并越来越深入我们的生活和学习中。

1. 互动性

新媒体是众多媒体的融合，便于阅读与互动，信息交流不再是单纯的文字和图片，还包括音频、视频等；信息交流不再是"留言等回复"或者是机械式地发表自己的看法。各方参与其中表达对某一些信息的看法，既有官方答复，又有你我这样的普通受众参与，提高了交流的互动性。以微信为例，最直白的便是即时沟通，不仅可以语言和文字沟通，还增加了视频、语音，受众可以通过微信"面对面"的进行互动；同时，微信还可以进行表情包的发送，用幽默的方式进行交流；微信公众号的推广，可以将自己或者官方的信息、观点等以链接的形式进行传播，方便受众随时随地进行查阅，拓宽了互动的渠道；微信近些年推出的小程序功能，简洁了众多程序并存的局面，方便了受众一键查询，其中以国务院小程序为例，受众不再需要各方寻找渠道进行表述，通过最常用的软件即可表达己意，增强了互动的便利性。综上，以微信为代表的新媒体，使受众可以随时、随地、随心进行线上互动，满足了人们对于媒体的基本功能。

2. 开放性

与普通媒体相比，新媒体不再受官方和其他媒体的影响，人人都可以是信息传播的对象和主体，人人都可以成为媒体传播的中心，成为信息的主角，更可以自主进行信息选择和信息判断。以微博为例，首先是各大官方媒体入驻微博，受众不再一味地接收信息，官方不再苦于收集信息的方式，利用手机进行文字编辑，一键发送，自己的想法便可以表达出来，点赞及回复功能让有相似看法的人聚集在一起，开放式的信息表达增强了信息的传播。普通群众也可以通过微博分享自己的身边事，尤其是可以通过某个热点话题的参与，与素未谋面的网友交换观点，开放式的网络环境、自由的分享方式，让信息可以真正从受众中得来，让普通受众增强了网络的参与感，从而更愿意参与到网络生活中来。简而言之，以微博为代表的新媒体具有广泛的开放性，让受众真正地在开放的网络环境中各抒己见，体现了网络信息时代新媒体发挥的作用。

3. 即时性

新媒体同传统媒体不同，不再是今日新闻明日才见诸报端，抑或是新闻消息编辑之后才展现在受众面前，它突破了时空的界限，通过网络，借助移动电子设备，即时向受众传递信息。受众不再需要用整段时间进行信息阅读，而是可以有效地利用碎片化时间进行阅读和学习，提高了信息的时效性。以微博为例，受众只需要安装微博一个软件，无需关注任何账号，时事新闻便可以以"热搜榜"或者"要闻榜"的形式传递给受众，既有受众喜闻乐见的社会新闻，也有关注社会民生的政事。榜单的实时更新，使更多新闻可以短时间迅速传递在普通受众之中，并通过转发和分享的方式传递给亲朋好友，大大提高了消息传播的时效性，更使普通受众参与到新闻的传递和传播中来。由此可见，以微博为代表的新媒体，借助电子设备，借助普通受众的碎片化阅读时间，将新闻信息更加有效地传播出去，体现了新媒体的即时性特点。

4. 草根性

新媒体可以实现人人参与，草根性是新媒体相较于传统媒体所具有的特点之一。人人都可以参与融入新媒体中，人人都有机会成为新媒体的传播主体，新媒体不再要求新闻信息传播者的学识身份和理论水平，人人平等、人人开放。以抖音短视频为例，更多普通受众参与到短视频的制作和拍摄中，既有生活和工作中的琐事分享，也有官方信息的编辑分享；小到洗衣做饭，大到阅兵授奖，短短几十秒可以分享很多。"网红"现象便是其发展的衍生物，普通受众通过拍摄、编辑、分享短视频在抖音频台，其他受众通过阅览相应视频，久而久之，有趣视频或者是受众较喜爱的视频从中脱颖而出，其拍摄者便从普通拍摄者变为网络红人，增加了阅读量的同时也带来了一定的经济效益，从而带动了更多的人参与到短视频的拍摄中来。以抖音短视频为代表的新媒体，以简单的视频拍摄方式，吸引普通受众参与其中，人人都可以从草根百姓变为家喻户晓的知名人物，人们从受众变为主体，吸引了更多的人参与到新媒体。由此可以得出，从新媒体的特点中，我们可以清楚地对新媒体进行全面的认知，方便我们从中获得学生关注的新闻事件和热点信息，为思政课拓宽了素材渠道的同时，也方便了思政课更好地运用新媒体技术进行教学。

（三）新媒体对大学生思政教育的影响

1. 教师对新媒体的话语掌握能力不足

思政课教师在运用新媒体教学时，在网络环境中一直没有形成强大的媒体场域，没有形成强大的话语权，导致思政课教学效果不甚理想，究其原因有以下几个方面。

一是话语权威遭到质疑。在传统媒体时代，教育者占据主导地位，依靠国家和党媒可以拥有丰富的信息来源，而新媒体时代，新媒体改变了传统大众传播的方式和环境，改变了思想政治教育大环境下的话语权。新媒体的传播方式使得学生接收的信息和内容具有大众性和即时性等特点，在一定程度上这些内容尚未接受道德和价值的判断和选择，容易受兴趣和情绪或者是谣言的影响，使得许多大学生盲目接受错误的思想政治教学内容，使得思想政治教育工作者在教学时无法进行正确的引导，乃至对其内容进行纠正和引导时，权威解释遭到质疑。

二是话语效果降低。现如今，互联网和新媒体的大环境正在滋扰着大学生的价值观选择。在新媒体时代，信息瞬息万变，学生对未知的向往远超了思政课教学带来的内容。当今的高校思政课教学没有完全面对新媒体带来的挑战，没有能力对文化的大众化和传媒的信息化做出及时反应。网络迅速发展，信息的选择性增多，学生可以根据自身兴趣进行自由选择，功利主义等不良思想对学生产生了较大的影响。受日韩的文化全球化战略的影响，部分大学生对日韩及西方文化呈痴迷态势，而对我国的传统文化则表现得兴趣较低。

三是话语主体引导尚不到位。不可否认，在实际教学中，思政课教师与学生掌握的新媒体信息存在着一定的差距，学生处于获取信息的主体地位，而教师则处于较为被动的地位。在新媒体中，常常是一些娱乐、休闲、日常的内容占据了学生的大量时间，热播的韩剧、美剧成为学生津津乐道的话题。近几年来，学生的民族热情、爱国主义思想逐步提升，但受明星的效应影响，部分学生对偶像的追逐仍然超越了值得真正被铭记学习的国家英雄、民族英雄。

2. 大学生主流意识形态的认同危机

其一，一些大学生不相信马克思主义理论和核心价值观，崇尚西方"普世价值"。"普世价值"并非是一个全新的概念，20世纪90年代初就出现了。"普世价值"打着自由、平等、民主、市场经济的旗号，模糊社会主义意识形态的价值取向，覆马克思主义的指导地位，它会伴随一些重大社会事件在新媒体中被激活，往往关注改革发展进程中的一些不和谐因素，以混淆"个案"和"共性"的区别来做文章。这种错误的思潮和价值观在大学生中是存在的，影响着大学生主流意识形态的认同。

其二，一些大学生不相信官方言论和声音，轻信网络谣言。在各类新媒体中切换自由的大学生，不可避免地接触到各类网络谣言。但是，并不是所有的大学生对于网络谣言都有辨识能力，能做到"不传谣、不信谣"。在这类谣言的传播者中，就不乏大学生的身影。不少大学生转发这种谣言抱着"提醒家人和朋友没有坏处"的心理，看似无害的动机却淡薄了是非观念，混淆了真与伪的界限，助长了谣言的泛滥和传播。大量网络谣言在融媒体环境中扩散，必然挤占主流意识形态的传播空间。

其三，一些大学生不崇尚中华传统美德和奋斗精神，被拜金主义、享乐主义等消极观念所左右。在朋友圈里，在微博上，在抖音、美拍等App上，一部分人会晒物、晒房、晒车、晒奢侈品、晒旅游、晒男（女）友。如果仅仅处于交流或者放松休闲，这类发帖和看帖都无可厚非。但是对于手机不离手已经成为一种生活方式的大学生来说，这种帖子看得多了，不免会渴望一种"有钱""享乐"的生活，忽视传统美德和奋斗精神。

第二节 "互联网+教育"

一、"互联网+教育"的内涵

"互联网+"就是互联网与各传统行业的组合,借助信息技术、通信技术及网络平台,组合过程中将传统行业融入互联网,创造出一种全新的形态。"互联网+教育"就是互联网科技与教育领域相结合的一种新的教育形态,这种形态随着教育信息化的不断发展越来越受到社会、学校、师生的青睐。2017年1月国务院印发《国家教育事业发展"十三五"规划》,该通知中提出要积极发展"互联网+教育",要求发展现代远程教育和在线教育,支持"互联网+教育"教学新模式,发展"互联网+教育"服务新业态。

"互联网+教育"是在"互联网+"思维和行动指引下发展起来的相对于传统教育的一种创新教育模式。众多学者从不同视角分析了"互联网+教育"的内涵和特点。朱月翠、张文德认为,"互联网+教育"主要是教育在线化、数据化、可视化、自主化、个性化;陈丽认为"互联网+教育"特指运用云计算、学习分析、物联网、人工智能、网络安全等新技术,跨越学校和班级的界限,面向学习者个体,提供优质、灵活、个性化教育的新型服务模式;陈婷认为"互联网+教育"能充分表现教师主导、学生主体的关系,学习方式更加个性化、适配化,学习可以发生在任何时间、任何地点,教师也从以前的讲授者转变为引导者、启迪者;姜思璐认为"互联网+教育"并不是简单意义上的在线教育,而是利用互联网技术对传统教育进行深度整合重构,拆去了传统教育的时空围墙,改变了传统知识传授方式,改变了学习者的学习方式,使学习者在协作学习的基础上,可以利用大数据和自动化教学系统使个性化学习成为可能,以此来达到教育最优化。其运用主要包括MOOC、微课、云课堂等。虽然形式不同,但本质却是相同的,都是借助互联网技术,在师生分离状态下实施的教学和学习活动。

"互联网+教育"的在线教学有别于传统课堂教学,具有自身的特点。"互联网+教育"是一种基于信息技术环境的新教学法体系。信息技术环境是"互联网+教育"的鲜明特点。"互联网+教育"中,时空分离的师生需要各种学习支持来重新构建学习共同体环境,而大规模、长时间的在线教学又使其形成有别于传统课堂教学的特点。

在整个"互联网+教育"模式中,教师与学生通过教学资源、教学评价而开展具体的教学活动,通过线上交流及互动,围绕学习者进行教学或学习者自主学习。如何有效利用教学资源进行自主学习成为学生学习的关键内容,如何利用教学评价资源为学生提供更适切的教学资源成为教师教学的关键内容。"互联网＋教育"各组成要素中,虚拟教学空间、教学终端、教学平台是基础的支撑;教学资源是知识内容的重要形式和载体;组织及服务是学习效果的保证。在具体的教学流程中,各要素协同形成"互联网＋教育"生态。

"互联网＋教育"的前提是互联网的网络环境和技术支持,落脚点是互联网应用于教育中,并促进教育发展、变革教育形式、扩大教育效果、创新教学模式。"互联网＋教育"是具有我国特色的提法,互联网与教育结合的雏形有早期的远程教育、网络教学。"互联网＋教育"不等同于网络化教育,也不是基于网络的技术化教育。"互联网＋教育"是充分整合互联网络、信息技术、智能技术、教学资源、教学设计的一种可支持泛在学习、终身学习、自适应学习的创新教学模式。"互联网＋教育"是借助高速互联网（光纤、4G、5G）、云计算、大数据、学习分析、网络安全、人工智能、物联网等新信息技术提供的虚拟学习空间,让教育资源走出学校,让师生界限变得模糊、学习共同体逐渐清晰,学习资源成为学习者学习的对象,独立、自主、独特、终身的学习成为学习生活新常态。

随着互联网环境和技术的发展,"互联网＋教育"的内涵与外延不断丰富,逐渐被认识和接受,受众面越来越广泛。在"互联网＋教育"大力发展的同时,其有效性、普适性、学习体验值得理性思考。常态下的"互联网＋教育"一般作为传统学校面对面课堂教学的外延、补充、辅助。

二、"互联网＋教育"特点

"互联网＋教育"具有以下特点:一是技术化,互联网技术、通信技术、信息技术的宏观发展和普适为"互联网＋教育"提供了社会大环境和技术支撑条件;二是泛在化,"互联网＋教育"在技术、设备、资源的支持下,使时时可学、处处可学、人人可学成为现实;三是个性化,"互联网＋教育"在整合技术、平台、资源而成的教学系统满足了学生个性化学习的需求;四是资源化,"互联网＋教育"作为一种开放互联的新教学模式,在技术支持下,需要配以足量的、优质的、多样的教学资源,教学资源是"互联网＋教育"的核心,是学习活动的载体;五是创新化,"互联网＋教育"创新了"教"与"学"的意识活动形式,打破传统教学时空屏障,极大整合 ICT、多样教学资源,适应了新时代教授者与学习者多样化、个性化的学习需求。

三、"互联网+教育"模式

（一）教师创生教学资源

教师根据学生特点，整合教学资源，其中包括一些已有资源，如出版的教科书、导学案等。在这些已有资源的基础上，教师还要依据学生特点和教学目标生成新的教学资源，包括预设整合制作的微课视频、教学设计方案、教学课件等，之前生产的一些课堂实录、讲解音频等。将这些生成性的优质资源整合起来，分享到教学平台，就转化成了新的资源。教师的主要工作是整合、生成优质教学资源，然后依据学生对资源的使用情况来优化新的资源。传统的课堂讲授流程逐步被不断演化的优质教学资源替代。而教师变成了学习的促进者、资源的整合者、互动的解惑者、情感的支持者。大规模、长时间的在线教学正是教学资源的"试金石"，优质的教学资源得以不断创生和优化。

（二）学生利用资源自主学习

学生是教学资源消费的主体，他们自己本身具有探索新知识的欲望。但各类教学资源参差不齐。那些不适合他们的教学资源会打击他们的学习兴趣，从而导致他们出现厌学情绪。那么哪些内容适合以什么方式提供给学生学习呢？对于简单的知识，可以提供书本文字、图片，学生可以自主消化。对于复杂的知识，就需要借助形象的讲解、示范、小组讨论、亲身经历等方式帮助学生理解。在基础教育阶段，很多固定的陈述性知识变化较小，可以将这些变化较小的、在线形成的好的讲解存到教学平台，经再次编辑处理后供其他教师反复使用，以提高教学效率。

（三）教学评价促进资源演化

"互联网+教育"中资源的评价是指学生在使用优质资源的过程中提供的反馈；而评价可以包括考试成绩、学后作业完成情况、师生互动数据等。针对在上一轮教学或者别的区域教学中已经出现的问题，学生学习时再次遇到类似问题时可以在教学平台中自主查找相关内容。如果没有找到，学生就需要询问教师，教师依据学生的问题改进、优化教学资源，探索开发新资源，或弥补原资源的问题而更新资源，从而形成一个巨大的、演化的资源库。当这个资源库足够丰富的时候，学生就可以实现"哪里不会点哪里"的广告效果。这个资源库是共享的。在学生不会自主学习的时候，由教师根据学段、年龄特点安排教学任务，学生的自主学习能力一旦适应了学习阶段的要求，学生就可以依托学习平台畅游知识海洋，实现个性化学习。即便离开学校，也可以在平台上继续学习自己感兴趣的内容，以实现终身学习。

"互联网+教育"中各要素具有各自的功能和特点，彼此之间密切联系。某一要素不能取代另一要素，每个要素缺一不可，各大要素互相支撑，在组织和实施教学时，应从系统的视角来看待在线教学的生态，充分整合和运用各要素，从而促进教学的有效性和适切性。在信息技术支持下的在线教学，要用互联网思维对其进行认识和理解。网络作为在线教学的传输媒体，具有传播快、数字化的特点。"互联网+教育"不等同于把课堂教学搬到网络上进行。在线教学活动中的学校、教师、学生、家长等教学主体需要借助教学平台完成各自的任务或实现自己参与教学的目的。多主体在在线教学中的体验关乎各学习主体的学习感受，各学习主体的学习感受关系到学习效果。应以"用户思维""体验思维"来审视"互联网+教育"的在线教学内涵，力求为学生提供更多有利于建构知识的教学资源。

四、"互联网+教育"的应用原则

（一）技术性原则

技术性原则是"互联网+教育"的本质要求，是"互联网+教育"开展实践的首要原则。"互联网+教育"涉及多种技术及领域。"互联网+教育"在线教学环境是基于网络和信息技术的环境。

教师与学生参与在线教学活动时必须掌握一定的信息技术应用能力，诸如计算机多媒体设备与移动终端设备的使用、学习平台的使用、学习工具及学习资源的操作及应用、网络教学资源检索获取加工、网络教研共同体环境中教师与学生间的交流与互动。教师与学生必须掌握相应的信息技术应用能力，具备相应的媒介和信息素养，才能熟练应用在线教学资源与平台、顺畅地进行在线教学，以保障在线教学效果。

（二）自主性原则

"互联网+教育"的核心本质是在时空分离的前提下实施教学。教师与学生处于时空隔离的两端，在虚拟的共同体（班级群、电子社区、网络学校）中进行学习活动。这样的分离使学生失去了面授课中的教师监督和班级氛围，缺乏教师的纪律监督与教学组织。一方面学生的学习专注度会下降，学习注意力会分散；

另一方面缺乏教师的学习组织与学习指导。学生的学习方法主要以自学、跟学为主。自主学习能力和学习意识是物理时空隔离状态下学习者的必备素养。在线教学中的学习者以主动、积极的态度参与学习。学习者根据自身情况制定学习计划、学习目标，进行自我调控与管理。

（三）发展性原则

"互联网+教育"中不仅学生的知识水平得到了提升，更重要和长远的是要注重学生的学习能力水平发展。"互联网+教育"在线教学的目标不应局限于知识目标的达成，还应包括教师与学生在"互联网+教育"环境中的学习意识和能力的提高。在线教学过程体现了教师与学生的终身学习意识及能力的要求。在"互联网+教育"实践过程中，要注重发展性原则，使教师与学生的核心素养得到升华。

教师在线教学活动中的角色较传统课堂教学更多、要求更高。教师应充当知识讲授者、资源开发设计者、过程监督者、学习引导者、学习评价者、技术指导者等角色。新冠肺炎疫情防控期间，在线教学大规模开展，大量教师开始进行在线教学。教师要持续学习新技术来提高自己的业务能力，这也是终身学习的要求。

学生应重视自我发展素养的培养，主要体现为通过在线学习，能学习课程知识，同时能提升运用各类教学资源进行自主在线学习的能力。学习者是在线教学中的重要主体。在线教学的最终目的是促进其发展。要让学习者通过在线学习之后获得知识，进而逐渐掌握在线学习的方法和技能。在学习者掌握在线学习的方法和技能的基础上，就可以根据自身的学习情况运用平台、课程、工具等资源。通过这些资源，培养学生的乐学精神，提高学生的善学能力，形成独特的学习过程、学习体验，从而促进学习者形成独特的自我发展。

五、"互联网+教育"的必要性

（一）时代背景：教育信息化的趋势

自18世纪中后期的第一次科技革命开始，人们就不断地探寻着生产力改革的新模式。随着科技革命的不断推进，科技逐渐渗透在各个领域的发展中。智能化、网络化与数字化的教学模式逐渐在中小学与高校中传播开来。苏州大学校长熊思东提出：线上教育不是教学方式的应急措施，它将成为高等教育教学的新常态。因此，教育信息化更应把握时代脉搏，以精细化的教学方案、动态化的数据分析、即时性的教学评价等特点，创新高校教育模式网。

（二）政策要求：推动在线教育发展

2018年教育部在《教育信息化2.0行动计划》提出2022年实现"教学应用覆盖全体教师、学习应用覆盖全体适龄学生、数字校园建设覆盖全体学校，信息化应用水平和师生信息素养普遍提高"等目标门。高校在线教学的建设应该以教育政策为指引，逐步提高高校信息素养，实现教师与学生信息素养提升全覆盖，以此提升高校整体办学质量，构建信息化教学网络。

（三）高校需要：多元化的教学模式

高校作为培育精英化人才的教学场所，应该能够满足不同学生的学习风格，针对其个性化的需要，灵活运用各类网络教学平台，通过大数据分析，对学生的学习状态、学习集中化程度、知识掌握程度等信息进行详细的分析，通过学生的实际情况，制定课程改进的方向。多元化的教学模式有利于促进学生自主学习，实现"以学生为中心"的教学目标。

第三节 互联网对大学生思想政治教育的影响

一、正面影响

（一）教育理念的开放性

任何教育理念都不是凭空产生的，都有一定的现实基础。互联网的发展使得高校学生获取信息的渠道拓宽了、速度提升了，诸多信息也摆脱了传统信息传播阶段的垄断现象，高校学生能够自主选择信息和知识，而不是被迫接受。传统的教学时空限制与校际隔阂被彻底打破，高校的"围墙"正在逐渐消失。教育过程既要有启动环节也要有跟踪反馈，既要有效果自评也要有效果他评，不能教育让者一个人自弹自唱独角戏。

（二）教育主客体的平等性

在传统思政课堂中，思政课教师以单向思维模式掌控着整个教育过程，按照其既定的教育方式和教育内容，对高校学生进行信息传递和价值灌输。这种一元教育格局在信息闭塞、教育资料单一的时期收到了较好的效果。"互联网+"时代，信息的生产、传播、获取方式跟之前已经大不相同，迅猛的科学技术和多样的学习媒介使得高校学生突破时间和空间的限制，实现自主学习。当下，我们思想政治教育者面对的高校学生是"00后"，他们学习力强，善于在网上展示观点、交流思想、表达诉求。

面对互联网上即时生产的层出不穷的信息，高校学生和教育者都是平等的接收者，甚至部分具有超前学习意识的学生，其通过互联网所得到的知识储备比教育者还要多。互联网打破了教育者在资源来源方面的权威性和地位的中心性，缩小了教育者和受教育者的知识差距，为二者的平等交流提供了可能。地位的平等让教育者获得更多尊重，也让受教育者更好地吐露心声，让其内心的诉求及时得到关切和回应。

互联网的发展使得学生有困难可以和老师线上沟通交流，在这里创造了师生平等的空间，学生获得充分的话语权，也促进了师生教育观念的双向互动交流，让他们随时随地进行交流互动、信息共享和情感宣泄。

（三）教育内容的多元性

当今时代，互联网当之无愧地成为全世界信息传播最大、最快的平台，网络信息资源多元多变、形式多样、快速无界，使思想政治教育的内容从封闭逐渐走向开放。这满足了高校学生的知识延展、个性张扬、兴趣培养。但是随着信息数量的剧增、流速的加快，不可避免地出现了信息泛滥、良莠不齐的现象，对高校思想政治教育提出了更大挑战。

"互联网+"不再囿于固化的课本知识，突破了传统教学内容的有限性和被动性，高校学生可以在获取最新的信息资源后，对突发热点新闻事件等进行实时的讨论，不再受到课堂固定设置的内容的局限。这极大地提高了高校学生的学习热情和主动性。

学校使用大数据云技术平台，将纷繁复杂的教学资源、教学教务、教研课改、校园安全等校内日常应用转变为智能化、个性化、多终端兼容性应用，能够使用户获得更好的体验。云平台给广大学子提供了一个包容性的学习平台。数字化的线上学习平台、微课等网络课程阵地，使教学延伸至课堂之外，实现师生线上线下随时互动，使思想政治教育课堂活跃起来。

开放的教育资源也给思想政治教育带来了更大挑战，因其打破了原有的知识垄断格局，导致传统思想政治教育的可控性降低。举不胜举的教育资源让高校思想政治教育得以充分展延的同时，也打破了固有的文化欣赏习惯。在这种复杂的文化碰撞中，教育者需要坚持灌输原则，牢牢掌握意识形态在网络空间的主导权和话语权。

（四）教育方式的丰富性

传统思政课教学围绕课堂展开，虽然传统课堂具备了成熟的教育理论和教育方法，但是其传播渠道单一、传播范围极其有限、学生学习兴趣不高等弊端也逐渐显现，这样的被动接受的大班授课学生并不喜欢，因材施教成了一句空话。

正当教育者捉襟见肘时，"互联网＋教育"的崛起改变了这种机械式的灌输方式。教师可以通过慕课、微课、教育App、云课堂教学等多样化的方式，深度整合教育资源。而网络中的教学数据可以帮助思政课教师更好地了解高校学生的态度、认真程度、理论学习情况，从而因材施教。

（五）教育反馈的及时性

四通八达的网络在教育者和高校学生之间架起了互动的"桥梁"，教育者利用大数据、云计算、人工智能等技术手段，通过网上数据分析，可以快捷、正确地把握学生的最新思想动态、心理困惑和行为特点，从而及时与学生交流信息、沟通思想，解答其心理困惑，改变不良行为，建立和谐亲密的师生关系。此外，微博、微信、QQ等软件为加强师生的了解提供了媒介，拉近了师生的距离，这有助于教育者实时跟踪学生的思想变化、情感痛点、行为表现，有助于快速全面地观察，前瞻性地做好思想政治教育。

二、负面影响

（一）大学生自身方面

1. 思维方式浅表化

网上海量的信息围绕在大学生的周围，使其乐享于信息的包围圈中，体验着世界的种种改变，又使其眼花缭乱无暇筛选，逐渐形成仅停留在浅层信息上而无法深入分析信息的思维方式，追求对信息的"一手占有"而忽视对信息的理性甄别和批判思考，"标题党"应运而生。这种"浅表化"的思维方式使得大学生在学习思想政治理论知识时，往往满足于表面的获得而不知思想政治教育的深刻内涵，这种不求甚解的思维方式会大大影响思想政治教育的效果。

2. 价值选择迷惘化

少数意志不坚定的大学生的价值取向受到干扰，造成其在价值选择时的迷惘和价值取向上的紊乱。面对纷繁复杂的社会现象和风云变化的世界形势，在世界范围内价值道德相碰撞的过程中，要求青年大学生提高慎辨能力、增强慎诚情感、坚定慎微信念、磨炼慎隐意志、养成慎行习惯。

3. 心理发展片面化

一方面，部分青年大学生每天花大量时间沉迷网络，热衷"人机交往"，而疏远现实的社交活动，甚至有一些大学生将网络作为其精神寄托，沉溺于网络社交而排斥正常的人际交往活动，造成其现实人际交往有障碍。长期的心理空间封闭最终会导致其处理人际关系的能力退化，人际关系冷漠、性格脾气孤僻、意志萎靡消沉。另一方面，由于政府、学校等对网络监管不到位，虚假恶俗、粗制滥造的信息存在于网络空间，加大了大学生对有价值信息的筛选困难。尤其是大学生的世界观、人生观、价值观还未成熟，理性思考能力、客观评价能力、价值选择能力和自我控制能力不强，面对繁杂的信息，往往不知所措、迷茫困惑，易产生心理焦虑。

4. 道德观念失范化

现实生活中，大学生受到道德和法律规范的制约，会自觉控制自己的言行，但网络上的交流主要是通过代号进行的，主体的身份具有隐匿的特点，削弱了道德和法律对大学生言行举止的约束。由于大学生的自我约束力较差、道德自律意识不强及网络本身的弱规范性，带来了一些道德失范现象。有些大学生在网上呈现出和现实中截然相反的两副面孔，借助网络工具发泄不满、消除责任、摆脱约束，在网上粗言粗语、言论偏激、放纵不羁。有些大学生扮演起"键盘侠"的角色，总是认为无须对网上的言论承担责任，传播谣言、煽动民众。甚至有些大学生凭借自己的专业技能，将传播色情信息、侵犯知识产权、盗用账号密码、制传网络病毒和黑客骚扰破坏等当作对自我智力的一种挑战。这就呼唤大学生自律性的提高，以维系网络空间的正常秩序。要求他们增强慎辨、慎诚、慎微、慎隐、慎言行的能力，达到儒家所提倡的以高度自律为本质特征的"慎独"境界。

5. 行为模式放纵化

网络的触角已深入大学生的生活、学习、文娱、交友、求职等方方面面。在实际应用中，部分大学生并没有充分发挥网络的学习属性，而更多的是利用网络进行休闲娱乐，具有明显的娱乐化倾向。世界观、人生观、价值观尚未完全成熟稳定的大学生特别容易被网络的自由性和放纵性吸引，部分大学生网络行为管理能力较差、缺乏时间观念，甚至有些大学生沉迷网络不能自拔，出现网络成瘾现象。特别是伴随着移动费用的降低和手机上网的普及，大学生机不离手，成为"低头族"。

6. 社会道德标准游戏化

互联网时代的大学生的思想意识中一些事物均可被游戏化，而这同时也包括社会道德标准。例如当代有部分高校学生在遇到别人需要帮助时，只要事件与自己没有任何关系便不会选择去帮助别人，甚至还有个别大学生会在一些新媒体公众平台上大放厥词表示道德素质无足轻重，而中华民族传承已久的良好品质也逐渐成了少部分学生调侃的对象。由此可见，互联网时代，社会道德明显出现了被游戏化的现象，高校大学生道德素质的培养已然成为现今至关重要的话题。

（二）高校方面

当前，各地高校纷纷在社交媒体上开通微信、微博公众号，虽然看似迎合了全媒体时代的趋势，但大多数只是将线下内容"搬运"到线上，只有发帖量，没有点击率。究其原因主要有以下几个方面：第一是形式上缺乏吸引力，主要表现在多数官方媒体仍停留在传统媒体的形式中，语言形式呆板，缺乏活泼的气氛，与年轻人的口味不符，近年来，部分官方公众号已经进行改变，如广东共青团等，收到的效果较好；第二是正能量缺乏广泛的宣传，媒体配合不到位，往往一个正能量新闻还不如一个娱乐明星的新闻受到的关注度高；第三是思政工作队伍建设存在短板，一方面队伍人员素质参差不齐，距离思维新、视野广的要求有一定差距，另一方面网络思政成果没有真正地铺开，队伍建设缺乏内在驱动力。

高校思想政治教育的主导教育的思想性受到损害也是互联网所带来的负面影响，在教学中主要表现在：一方面，部分高校的思政课教师仍坚持传统的教学理念而不接受新媒体，导致他们的思想政治教学的内容和方式难以被高校学生所接受；另一方面，部分高校的思政课教师尽管对新媒体的运用仍不适应，但其在教学中却为了迎合学生的需求动摇了自身的信念。这两类教学方式在很大程度上阻碍了新媒体在思想政治教育中的应用，也使得思想教师自身忽视了教育中思想引导的重要作用。

三、互联网时代加强大学生思想政治教育的必要性

（一）是新时代教育强国的要求

党的十九届五中全会提出，要建成教育强国，使国民素质和社会文明程度达到新高度。教育一直是我国的国家命运所系，是民族在未来完成复兴计划的重要组成部分，它与国家的进步变化和民族的兴旺衰败相互作用、相互影响，它也寄托着我国无数普通家庭对于梦想的追求和期盼。我国互联网时代的现代化教育让一个个平凡鲜活的面孔改变了自身命运，让走向昌盛的中国聚集了奔涌的力量。目前处于疫情防控时期，医务工作者专业的救治、疫苗的研发更是教育强国的真实写照。互联网时代科技赋能对于我国教育发展更是提供了一个极好的机遇，因此互联网时代加强大学生思想政治教育是紧跟时代发展潮流、符合时代发展要求，也是新时代教育强国的要求。我们要充分利用互联网的优势，源源不断地创新大学生思想政治教育的方式。同时，教育者要不断提高自身媒介素养，跟上时代的脚步，不断丰富思想政治教育内容，也要积极引导受教育者在网络中加强自律，形成正确的"三观"，为努力建成教育强国作出贡献。

（二）是培养高质量人才的现实需要

互联网时代加强大学生思想政治教育与培养高质量人才的关系体现在对学生生活与学习的全方位融入与引导，形成了互联网与培养高质量人才融合而不违和、互惠互利的新发展途径，成为未来高等院校思想政治教育的主要环境和方式，满足了可持续发展的迫切期待。互联网已经成为大学生生活的主要影响因素。互联网时代加强思想政治教育与培养高质量人才的互为发展需求性必然使二者合为整体，作为学生成长成才道路中的主要"交通工具"之一，互联网所具有的新颖奇妙、丰富多彩、方便直接等优点让大学生表现出快乐和谐的获得感和价值存在感，成为思考、衡量学生主观能动性和创造性的主要指标和表达形式。互联网显然已经成为新时代高校思想政治教育的主要环境，并且开辟出多元化培养人才的渠道，有助于高质量人才的培养。网络元素遍布在学生平时的点滴小事中并发挥着用环境来培育人和用途径来塑造人的正面作用。

（三）是完善高质量思想政治教育体系的需要

互联网时代加强思想政治教育对完善高质量思想政治教育体系有着非常重要的作用，二者的融合成为高校思政教育的主旋律。互联网与思想政治教育的跨越

融合已成为时代发展的应然性与必然性,具有令人注目的导向性和启示性。在互联网思想政治的指引下,思想政治教育的方式和方法得到跨越式发展,教师队伍和教学体制得到重塑性构建,教学内容和教授方法得到多样化创新,完善了思想政治教育中的环境、队伍、体制、内容、方法,传递出互联网对新时代高校思想政治教育发展的最强音,成为高校思想政治教育的主要精神引领。互联网与沿传下来的教育方式相结合,创造出高校思想政治教育教学主要方式。通过互联网媒介创造出了新的教学模式,并促进了教学方法的创新,对完善高质量思想政治教育体系有显著的效果。

(四)是大学生自身发展的需要

加快建设网络强国是全面建设社会主义现代化强国的根本要求,互联网不断发展,信息庞杂与内容复杂的互联网环境在拓宽了学生视野的同时也容易使大学生的思想发生波动。大学生群体一直被保护在学校的象牙塔,缺乏社会经验和阅历,对于网络上的对错缺乏判断力,容易被一些不好的想法和扭曲的价值观所迷惑,从而沦落为网络键盘侠,人云亦云,不利于自身发展。故高校应紧跟时代步伐,统筹多方面力量,为学生创造一个干净和谐的网络环境。高校思想政治教育者要积极利用互联网时代赋予我们的丰富的媒介去引导学生的思想及价值观朝好的方向发展,让他们找到自己的定位,认识到自身的社会价值,从而帮助学生找到更加契合自己职业发展规划的方向。

第二章 大学生思想政治教育

本章主要论述了大学生思想政治教育，分别从大学生思想政治教育的内涵和特征、大学生思想政治教育的内容和原则、大学生思想政治教育的目标和功能三方面进行详细介绍。

第一节 大学生思想政治教育的内涵和特征

一、基本内涵

广义上的思想政治教育，指一个群体为了巩固自己的统治、维护自身利益及顾全大局发展而对其群体内全部成员的思想意识施加影响，通过灌输符合自身阶级统治利益的思想政治观点，实现群体成员思想道德符合阶级统治发展要求的思想道德标准。思政教育本质上是一种特定的实践活动。在社会中，人们组织和引导公众形成符合特定社会时代和人类自身发展要求的思政观念和人生观念。"特定"一词包括三层含义：一是指以某一类或群体为主体，即特定主体；二是特定内容，包括思想教育、道德教育和政治教育；目前，我国思政教育的内容主要是中国共产党的理论、路线、方针、政策；三是目标对象是特定的，也就是，它是针对某个社会公众的。坚持思政教育的目的是使人们形成一定社会所需要的思想。

大学生思想政治教育是指高校教育者按照规定的教育机制和符合时代的教育理念，采取一定的教育手段，根据社会发展的需求和教学目标的要求，对受教育者即大学生进行有计划、有目的、有组织的思想道德的教育和政治素养的培养。通俗来讲，就是对在校大学生思想意识统一地加以影响，使其形成与社会发展所需的思想道德标准相符的思想观念、道德品质，为国家未来储蓄人才。这是一项教育目的明确、教育内容具体的活动。当前我国的高校为了达到大学生思想政治教育相应的教育成效，将理论灌输法与实践教育法进行了有机融合。

（一）思想政治理论教育

通过思想政治理论课的课程学习加深大学生的思想政治知识底蕴。就目前而言，高校的理论灌输法不仅体现在相关的课程中，也体现在通过党组织推优及党员培养的方式进行思想政治教育。

①通过对团员的推优，安排其学习党课知识，配合完成党内实践活动等，在思想政治教育的过程中完成团员向党员政治身份的转变；

②通过对党员党内知识的培训和提高及定期召开党内学习会议等活动，一方面考察和考核学生的思想意识和行为道德，另一方面更加强化了学生的政治素养。这种教育方式一般以非固定课程教育的形式在大学生中开展。这些理论课程，其中不仅包含了马克思基本原理、方法及思想精髓的讲授，还包括了马克思主义中国化的具体内容的讲授。从目前来看，高校的理论灌输法的具体教学模式和环节包括理论的教授、学习、宣传和培训及研讨等环节，是高校开展思想政治教育最基础，同时也是最高效的方式。

（二）通过实践锻炼法开展教育活动

简而言之，就是通过计划合理、目的明确的理念引导和组织大学生参加形式多样的能够提升其思想意识和道德素质的社会实践性活动。在多样化的实践锻炼活动选择中，既要顾及大学生的年龄特点、性格特征、学习能力及不同年级等多方面因素，也要同时兼顾将适当的教学内容加以融入，彰显实践活动的教育性。通过实践教育活动，提升大学生的思想觉悟和认知能力，强化理论灌输教育的知识和内容，达到理论知识内化的目的。但是，为数不多的实践活动所呈现的教育力度和成效是微乎其微的，因此高校必须长期坚持实践锻炼活动，才能使大学生在反复的锻炼中提升认知，并将认知内化为自身信念。

二、大学生思想政治教育的特征

（一）导向指引下的整体性与教育教学的层次性统一

1. 导向指引性

导向指引性主要是针对两方面而言：一是对大学生的个人发展和如何在社会实践中发挥自身作用起到导向指引作用，包括引导学生的思想观念、精神境界朝着全面发展的发展方向提升，增强学生的精神力量；二是为教学实践活动提供一个客观的标准，对大学生思想政治教育教学的改革发展方向起到指引作用，促进教学理论的创新与发展。导向指引既是促进社会和个人的全面发展的要求，也是马克思主义理论与时俱进和教育多样化发展的需要。

2. 整体性

大学生思想政治教育是一门兼具系统性、完整性的课程，可将各种性质类型的教育教学因素整合到教学过程中，并能引导学生把感性认识或零星观点转化成一个整体的思想政治素质。其教学最重要的一点就是要使学生对马克思主义理论的价值立场、观点等思想的认识转化为信念，因此在教学过程中一定要重视对整体性的把握，而对思想政治教育教学构建的理论应体现整体性这一特征。

思想政治教育教学是一种思维形成的存在，由不同的要素、层次而构成的一个整体结构，其变化发展集中地体现了辩证逻辑整体的运动过程，在过程中不同的要素、层次之间，整体与层次、要素之间，整体与外部事物之间都有着各种联系。思想政治教育教学作为一个学科体系的重要组成部分，必然要求通过思维形式来系统反映其所包含的，使教育者和受教育者从中获益。思想政治教育教学体系从本质上揭示了各个范畴之间的运动轨迹和规律。因此，我们不能孤立地研究其具体内容，要从系统到要素和层次，从整体到局部，从全体到单一进行研究。

3. 教育教学的层次性

思想政治教育教学的层次性表现在这一教学既然是一个教育教学的整体系统，其间必然具有教育教学的局部层次。思想政治教育教学体系的划分是依据逻辑思维的组织、推演及运行规律展开的，进而形成了由起点、中心、中项、成效和终点等范畴构成的这一具有逻辑性和科学性且合理有序的范畴体系。高校思想政治教育教学是围绕中心范畴，然后从起点范畴开始，经过中项范畴、成效范畴最后到达终点范畴的动态运动和发展变化的过程。这个过程动态简洁地揭示了高校思想政治教育教学体系中不同要素和层次之间的内在联系及运动变化的本质规律。思想政治教育教学的整体属性决定了其不能孤立地反映，只有体系完整、各要素层次分明、合理有序地联系在一起，才能科学地反映思想政治教育教学的本质规律。正是由于高校思想政治教育教学的整体性特征，其结构与层次之间彼此关联、相互作用。一是指系统与要素环节具有稳定的关联性，即其范畴体系中的各个具体范畴均有固定的位置和作用等；二是指层次与层次之间具有关联性，即指这一教学内的每一逻辑层次之间都是彼此相连的，具有逻辑规律的关系。正是由于这种系统与要素、层次与层次之间的关联性，使得这一教学体系的结构成形，并具有稳定性。关系是结构得以存在的前提，也是构成系统的基础，而只有系统内要素间得以稳定才能形成彼此之间稳定的关系，任何事物的整体性质都是由每一部分之间相互依存又相互制约的关系来体现的。

在思想政治教育教学体系中整体与任一层次、层次与层次之间都有着相互制约与依存的关系。思想政治教育教学不仅具有导向指引下的整体性特征，而且还具有教育教学过程中的层次性特征，从而能够把这一系列的动态联结为合理有序、层次结构分明的有机统一整体，从而构成体系。综上，思想政治教育教学具有导向指引下的整体性和教育教学的层次性的特征。

（二）绝对的科学性与相对的利益性统一

思想政治教育教学的科学性在于其所概括和反映的内容即思想政治教育教学的科学性，思想政治教育教学通过教学实践活动使学生形成社会所需要的思想政治道德，培养学生全面发展的综合能力。马克思指出，无产阶级社会中，就是要让社会成员的能力得到充分的发挥，而思想政治教育就是遵循着这一观念展开其教学活动的，以期通过教学使学生的观念得到最大化的提升。此外，思想政治教学的科学性还体现在其自身具有的客观实在性和规律性。

客观性和科学性构成了思想政治教育教学内容基本特点。任何历史时期和任一体制下的意识形态教育，基本都客观地反映了其内在的本质和固有的规律。他的科学性是绝对的，这一教学实践在具体条件下具有相对不变性，保持其相对稳定性。列宁认为，辩证唯物主义强调的是要承认真理的客观性和绝对性，且真理是正确揭露客观物质的本质和规律的，因此承认这一教学的客观性就是承认了它具有绝对性。而思想政治教育的利益性质根源于其本身具有的阶级性和意识形态性。其具体达成目标和服务的对象是由统治阶级的阶级性质和立场决定的。

一是思想政治教育教学在这门课程教学实践的基础上，既包括对原有教学内容的修正，也包括在现有的基础上更新内容。任何事物的产生都摆脱不了现实的因素，范畴也不例外，这一理论体系的构建会被当时的实践所影响，其结构体系是在对当前教学实践的总结、归纳和抽象，它的建构被许多条件限制，其不能对未来的教学实践进行完全准确的判断，故当前的范畴反映的内容是相对的，并不是绝对的。

二是正如辩证唯物主义观点强调的那样，事物在实践中是矛盾的状态，是不断变化发展的，会呈现相互对立、相互依存的状态，并能够辩证转化，此时对立、彼时统一，这也就是事物的过渡性和相对性特征。而思想政治教育教学的相对性就是对其教学实践中的基本矛盾运动及转化的反映。因此，思想政治教育教学之间是能够辩证转化的，具有相对性。

第二节 大学生思想政治教育的内容和原则

一、大学生思想政治教育的主要内容

（一）世界观、人生观、价值观教育

大学生处于正确世界观树立的重要时期，务必用科学理论对其思想进行引导。我国的高校始终坚持红色旗帜的引领，因此思想政治教育中世界观的教育内容就是马克思主义科学理论教育。其中，包括了辩证唯物主义、马克思主义认识论及历史唯物主义等方面的哲学原理和方法论指导，还包括马克思主义中国化的具体内容。习近平总书记多次强调，坚持以马克思主义理论作为社会主义现代化建设的指导思想，坚持不懈地进行马克思主义理论教育。大学生是国家未来稳定发展的重要力量，必须对其进行科学理论教育，提高其政治素养、明确其政治站位，为国家和社会未来的发展做准备。

世界观从根本上影响了人的思维方式，马克思主义科学思想体系告诉我们世界观的塑造影响着人生观和价值观。人生观具体表现为荣辱观、善恶观、是非观、义利观等。每个人都处于不同的成长环境，拥有不同的生活经历，受所处环境的影响，在日常生活中实践经历的不同造就了不同的人生观。正确的人生观的根本表现在集体主义，集体主义的意义在于对社会的奉献，要培养高校学生为社会奉献的人生观，培养高校学生自强不息、吃苦耐劳、勇于奉献的精神作风和高尚品格。

价值观是一个人的人生观与世界观的直接反映，新时代高校学生要树立马克思主义价值观，抵挡拜金主义、享乐主义等腐朽思想的侵蚀，积极奉献社会、回报社会。

关于"三观"的教育正是思政教育中的基础理论教育，要想培养拥护党的方针政策、政治觉悟高、思想先进的高校学生，就要对大学生开展"三观"教育，坚持马克思主义理论教育，这是引导高校学生提升"三观"的根本路径，是塑造高校学生思想灵魂的基础。高校要通过"三观"教育来培养高校学生，使高校学生的政治觉悟和道德水准能担负起国家未来主人翁的责任与使命。

（二）理想信念教育

这是大学生思想政治教育必不可少的内容。党的理想信念就是共产主义，正是因为有着坚定不移的信念，我们党才能够克服一个个问题，取得革命、建设和改革的胜利，我们国家才能够应对一次次的挑战，在排除困难、有效地解决问题的过程中，实现国家的稳定发展。对于大学生而言，也必须拥有坚定而正确的理想信念，坚持共产党领导，继承先辈的革命斗争精神和传统，坚决维护祖国统一和团结，将祖国的利益和荣誉放在首位，才能在未来握好国家发展的接力棒，朝着正确的方向不断前进。

（三）爱国主义教育

爱国主义教育是国家稳定发展、历史向前推进的巨大精神力量，是一种集热爱祖国、报效祖国、忠诚于祖国的思想、意志、情感于一体的社会意识形态的体现。在新的历史时期和时代背景下，爱国主义教育依然很重要。高校爱国主义教育主要体现在对党史、党情、国史和国情等方面的基本知识的学习，也包括民族团结和国家统一等国家安全方面的教育。爱国主义教育不仅有利于学生自身的发展，培养其爱国主义情怀，更关乎国家未来的前途命运，为未来能够稳定发展扎实根基。

要加强对大学生的爱国思想教育，增强他们的民族自豪感、民族认同感、民族自尊心，以报效祖国为荣、伤害祖国利益为耻，忠诚报效祖国，为祖国社会主义事业的建设增砖添瓦。

（四）传统文化教育

一个国家的文化是这个国家的历史发展及具体国情的体现，中华文明绵延数千年，必定有其独一无二和珍贵的价值体系，传统文化又是民族文化中最有特色的内核部分，具有最高的魅力和凝聚力，是我们中华民族最为宝贵的精神财富，是文明之根、文化之魂。拥有这样宝贵的精神文化资源，更要引导高校学生从中华传统文化中汲取精华，要让大学生在了解中华文化的基础上实现更好的传承，滋养他们的心灵，使他们坚持善良的品质和信念，让他们的爱国主义热情和为国献身的动力不断高涨。对于传统文化的传承，我们应保持批判继承、推陈出新的态度，使中华优秀传统文化在新的时代呈现出新的生机、焕发新光芒。

(五) 社会主义核心价值观教育

社会主义核心价值观是中国共产党人深度的智慧结晶，是社会主义价值体系的核心内容，不仅是一种社会价值理念，更是人们的行动指南。"勤学、修身、明辨、笃实"的社会主义核心价值观教育要求学生学好知识，提高自身道德修养，树立正确"三观"，明辨是非，并在实践中提升自己。大学生必须从现在做起，根据以上要求严格要求自己，要真正理解并在生活中践行社会主义核心价值观，肩负起青年人的历史使命，不负青春年少并在未来身体力行到国家和社会建设中。

总而言之，根据新课程方案不断改进和调整思想政治教育课程的内容，坚持以马克思列宁主义、毛泽东思想理论为基本，坚定党的教育方针，与时俱进、解放思想，以帮助大学生树立正确的"三观"为基础，使学生了解党史国史、共产党的基本路线和基本理论，了解我国革命历程和改革开放以来的历史和教训，能够在生活中不断锻炼自己尝试运用马克思主义的方式进行思考和判断，明确个人利益要奉献于国家利益的思想，对建设富强祖国充满信心和力量，为祖国奉献才是青春最好的书写方式。

此外，思政教育教学内容在体现理论性、合理性及政治性的过程中，要进一步彰显其内容的特色与时代性。思政教育是跟随着实践的不断发展而逐渐更新理论内容的，思政教育教学内容应充分遵从社会发展与学生成长的基本规律，真正做到与时俱进、靠近现实、贴近日常生活。

二、大学生思想政治教育的原则

(一) 坚持把好方向

大学生的思想受社会关系和社会环境的影响程度不容小觑，尤其是在自媒体环境下，各种网络信息充斥在大学生周围且快速撒播，各方面的因素都影响着他们正确价值观的形成，这就需要我们在发现问题时及时做好大学生的思政教育工作。

1. 加强政治认同教育

政治标准是毛泽东对青年一代教育的首位标准，他认为业务再好的人才如果政治上不过关也不是合格的人才，他在不同场合多次强调过这点。大学生作为现当代文化素质较强、政治素质较高的群体，是祖国未来的希望和接班人，他们对现存的政治体系是否认同不仅关系到自身素质的培养完善，也关系到整个社会的和谐稳定。现阶段，大学生政治认同最重要、最核心的一点是对中国特色社会主义道路、理论和制度的认同，并且当前整体状况是积极良性的。但由于部分大学生思维活跃，政治敏锐性较强，在入学、就业、自身权利保障和家庭利益诉求等方面可能会对现状不满意，出现政治认同危机。并且，受不可逆转的经济全球化浪潮的影响，中国社会整体进入了信息化阶段，已逐步形成多元思想文化碰撞的格局。生活在当下信息泛滥的环境中，各种没有经过过滤和甄别的信息充斥于学生的现实生活当中，由于大学生对政治价值和政治规范的认知尚且不足，因而容易使部分学生的政治认同与信仰有动摇。针对这种情况，如果对大学生缺乏准确及时的教育引导，定会对个人甚至国家造成较大影响。

所以，大学生思政教育工作必须要结合当前国际国内的实际情况与时俱进，关注大学生在新形势下所处的校内外环境和所接触的人际关系的变化，更准确地把握影响大学生政治认同形成变化的关键要素，创新地运用教育载体，构建与大学生身心实际相适应的思想政治教育新模式。只有把握大学生的成长规律，真正了解到大学生的所思所想，找到他们容易接受的教育方式方法，才能引导学生形成政治认同，把思想政治教育做到实处并使之有效。

2.提升思想认同意识

一种思想、理论被群众认可即可能产生巨大的力量，从而转化为人们的思想观念，对人们的行为产生实质性的影响。思想认同是深深植根于人们的头脑之中的，是建立在对习近平新时代中国特色社会主义思想的理性认知和准确把握基础之上的彻底认同。但现阶段大学生价值观多样多元，受复杂环境的影响，他们的价值观念和思想行为受到不同程度的干扰。因此，用新思想武装大学生，开展有效的思想认同教育，提升新思想的号召力、说服力、亲和力和覆盖面将成为解决这一时代课题重要的一环。

高校思政课教师作为大学生成长路上的导向者，是党的相关理论的传播者，应以身示范，从学生接受教育的源头上做好深切感悟新思想的丰富内涵，科学把握其理论渊源与实践基础、历史地位与指导意义，激发学生对它的认同感，并在此基础上，教育大学生产生思想认同，自觉规范政治行为。由于当前新媒体传播速度快，广大青年学生获取信息的渠道多，且大学生在思维方式、价值判断和生活习惯等诸多问题上呈现出自身的特点，因而高校教师应切忌照本宣科，要善于运用贴近实际、贴近生活、贴近学生的实例去感染学生，加强学生对新思想的认同感。同时，也可以灵活运用新媒体技术，改进教育教学的方式手段，引导、教育学生主动学习、接受新思想并产生亲近感，由对知识的认知向内心价值的认同转变。

3. 促进情感认同融入

帮助大学生健康成长及为国家培养可靠的社会主义事业接班人是高校教育的职责所在。但在实际教育实践过程中，由于思想政治理论课与其他课程不同，它本身无法像其他课程一样进行客观尺度的量化评定，社会对其衡量度还不深入、不完善，因而学生自己也不够重视。而我们又不能光靠对抽象理论的空洞说教和僵硬的制度约束来改变这一现象，因为对大学生进行思想政治教育是一个需要注入情感的过程，一旦获得情感认同就能根据思想政治教育的要求去规范、约束其思想和行为。

因此，加强情感认同的整合，充分调动大学生的积极情感因素，通过"情感"搭建大学生和高校教师之间的桥梁是明智之举。应触动学生内心深处最朴素、最柔软的地方，使其增强对教育内容和方式的认同度，激发同理心，必要时还可"投其所好"，让学生自觉自发地认同马克思关于未来世界的美好设想及我们党的路线、方针、政策。因此，高校思政教育不应是一律共性的强制灌输和考核，应遵从学生个性化的成长规律，充分考虑每个学生的道德认知和情感需求，努力在心理情感方面与之产生共鸣，使学生听之可信、信之能行、行之有效。

（二）注重贴近实际

大学生思想政治教育重点是做人的工作，受家庭、学校和社会等各方面因素的影响，大学生的成长发展呈现出崭新的特点，这就要求教育者在教育过程中不能千篇一律，毫无生气，而应切实遵循大学生的成长规律，时刻关注大学生的思想实际和身心特点，注重人性关怀，了解学生的成长需要，并让大学生从思想政治教育中有所进步，增强受教获得感。

1. 关注大学生的身心特点

人的个性是独立的个体在社会实践生活中形成的区别于他人的特质，新时代大学生的显著个性主要表现为精力旺盛、个性鲜明、思维观念多样且多变。这要求我们在教育过程中应当尊重大学生的成长规律，把握他们的思想实际和身心特点，拒绝千篇一律，做到因人而异、因材施教，理解尊重学生的个性差异，包容看待存在特殊情况的个体，针对不同主体的不同情形对大学生进行有区别、有分类的教育工作，为大学生个性的充分自由发展提供空间；运用学生喜欢的合理方式进行教育，让他们真切感受到被尊重，进而培育健康、积极的人格。譬如学校可以借助多种网络新途径整合线上线下的相关教育资源，运用各式各样的、契合学生思想实际的形式，以激发青年学生强烈的思想共鸣，使其自主将所学内容内化为价值观念，外化为切实行动，提升教育效果。

2. 服务大学生的成长需要

大学时期处于寻求知识、捕获真理的阶段，不仅要掌握书本知识，而且还要通过挖掘自身潜能和提高素质来满足社会发展的需要，才能更好地实现自己的人生价值。所以，新时代大学生的生理和心理更加成熟，主体意识逐渐增强，主体需要的层次也在逐渐提高。因此，教师要紧抓课上下时间，尤其是氛围轻松、学生防备心较轻的课下时间，多与学生接触，了解、掌握他们的个性特点，格外关注他们的成长发展需求和心理感受，并在合适的教学场合中通过各种有效的形式激活教育对象的内源动力，因势利导地增强大学生的综合能力，使学生成长成才在适应满足时代发展要求和社会进步需要的同时得到良性发展。

3. 增强大学生受教获得感

获得感，是指学生在接受思想政治理论教育后产生的一种能够满足他们现实或潜在的且能长久维持下去的满足感和成就感，是一种对自身受教育的精神状态、主观体验和情感反应的表达。就传统教学模式而言，我们在教学中往往将关注的重点放在教师讲了什么，而忽略了学生的获得感，这就让教育有种"本末倒置"的意味了。具体表现为：许多高校的教学内容在中学政治课上有很多重复，学生觉得没有新思想；宏大权威的理论叙述和千篇一律的共性化教学素材使得思想政治理论课少了些生动活泼，较为枯燥乏味；教师教学死板，授课自说自唱、自娱自乐的现象普遍，忽视了学生的参与和体验，容易让学生无法找到兴趣点。因此，在进行教育实践的过程中，思政工作者应始终遵循大学生的成长规律去了解到学生的真实需求并关注到学生的情感体验，增强理论课程的导向性，以亲和的方式感召、吸引大学生，从而让学生在经过思想政治教育熏陶后能够有满满的体验与感悟，获得感倍增，这也是高校提升思想政治理论课教学评价和质量的精神准则与价值追求。

（三）灌输原则

1. 灌输的内涵

这里所说的灌输，并不是指"填鸭式"教学或"满堂灌"教学，这是对"灌输"内涵的曲解和偏见。这里所说的灌输，是指通过对教学内容和教学方法的优化，以一种潜移默化的方式，把课程相关的知识、理念传授给学生，帮助学生形成科学的、正确的世界观和方法论。

2. 灌输的策略

（1）保证灌输内容有较强的针对性

在大学生思想政治教育教学工作中，教师所灌输的内容，必须有一定的针对性。有利于培养高素质、自主性、批判性的人才，现阶段一定要把灌输内容的重点放在对大学生思想认识及现实疑难问题的解决方面，对社会当前普遍重视的热点话题进行辩证、客观、科学的解释，借以指导大学生的思维能力，培养其更加深入的分析能力。在培养大学生知识水平的基础上对生活实践能力进行提高。这样有助于提高灌输原则的感染力和说服力。

（2）灌输内容适当穿插反面材料

随着经济全球化的逐渐深入，我国社会呈现出转型局面，形势复杂，很多大学生在成长过程中不可避免的会遇到很多困惑，如果只是单纯地使用正面灌输的教育，那么就会显得苍白无力。所以，在进行灌输教育的时候，可以适当地穿插反面材料。不能一味地回避社会转型时期面临的巨大困难。这样的灌输教学更具说服力及可信度，才能让学生接受，最终起到提升学生综合素质的效果。

（3）灌输的手段要具有新意

灌输原则在实施过程中必须坚持教育模式的启发和引导作用，不能强制地硬灌。在新时期，大学生的独立意识越来越强，随着社会经验的丰富，精神意识和法律意识越来越强，在这种情况下，高校思政课教师要想采取灌输的教学策略，就要对灌输的方式和方法进行创新。做到理论与实践相统一，扩大灌输的覆盖程度，重视灌输进行中显性与隐性相结合的方法，提倡形象、环境、行为、校园文化、舆论、网络媒体及时间等多种灌输方式相结合的模式，将灌输原则充分融入管理、文体活动、校园文化及网络媒体之中，对大学生的思想意识造成潜移默化的影响。

（4）实现灌输与自我发展的结合

事实上，自我教育与灌输原则存在着相辅相成的关系，因为二者有着共同的目标。教师在把知识或理念灌输给学生之后，学生必须通过自我教育才能对这些内容进行理解和运用。此外，自我教育也必须以灌输原则作为前提条件，否则自我教育就缺乏正确的引导。灌输原则以其系统性、目的性及正面性使学生在自我教育的过程中避免了随意性及零碎性，有利于克服认识和理解上的误区。如果一味地否认灌输原则的重要性，就等于否定了教育的必要性。

（5）灌输过程中要培养学生主观能动性

事实上，大学生虽然是灌输的客体，也需要增强独立意识及自主意识，具备相应的主体能动性。由于大学生人格独立、重视自身感受、崇尚自我实现，因此，主观能动性更能激发大学生的自觉学习和研讨精神，实现自我教育，乐于接受灌输。只有不断实现客体的能动性，灌输的价值才能得到提升。反之，如果不注重大学生主体性地发挥，使其思想和行为受到抑制，思政课教师在灌输原则实施的过程中只注重自我为中心，灌输原则的目的就不容易实现，不利于大学生潜能的发挥。

（四）人本原则

1. 人本原则的内涵

人本原则，顾名思义就是以人为本的原则。"人本"这个概念在中华优秀传统文化中由来已久。在高校思想政治教育中坚持人本原则实质上就是坚持以人为本的教育理念，将教育者与受教育者都放在主体的地位，将马克思主义的基本观点运用到日常教学工作中，实现教学资源、综合管理、思想指导三者的有机结合，帮助高校青年学子树立正确的价值观、开阔的世界观、积极的人生观，为今后个人的发展与国家的前进打下良好基础。

2. 坚持人本原则的必要性

坚持人本原则就是坚持贴近主体之一的受教育者群体。大量具有重复性的精准社会调查均证明，现如今我国青年学生的政治素养和思想教育水平总体来说较为良好。他们在日常生活和学习中思想活跃、拥护中国共产党、热爱祖国，并在社会和学校的双重影响下成长为对中国道路、理论、制度、文化等方面充满自信的社会中坚力量，并且坚信社会主义现代化伟大蓝图和中华民族伟大复兴的壮阔目标能够实现。可是，在西方资本主义意识形态的冲击下，我国部分大学生思想同样也面临着冲击和挑战，而且逐渐受到一些拜金主义和民族虚无主义的影响，表现出对过往历史和民族英雄的质疑。作为思想政治教育理论传播载体的高校如果不能够深刻认识到应贴近青年学生，彻底了解他们的思想变动历程的重要性，那就只能是被认为是进行"灌输式"的填鸭教育。高校思想政治教育工作者理应深入学生群体、想学生所想、急学生所急，切身感受学生的思想需求，更进一步地与学生沟通交流，运用全新的教育教学方法去了解青年群体的思想症结、心理诉求，只有将自己置身于青年学子的群体中，才能在生活和学习中与他们进行更好的交流和沟通，达到教育双方的相互理解和支持。

3. 坚持人本原则的途径

（1）实现教育者与受教育者双主体地位的业内共识

首先，尊重教育者的主体地位。教师在教学中扮演了一个举足轻重的角色，虽然在大学阶段众多学生已经在生理上成年，他们朝气蓬勃、勇敢上进，但与此同时他们同样也是一个意志力较为薄弱的群体，他们的世界观、人生观、价值观还未完全扩充完整。如果没有教师正确和合理的引导，很容易在意识形态上产生偏差，进而对个人甚至学校和社会产生严重的负面影响。高校思想政治教育就是要发挥出教师的引导作用，充分了解学生的成长环境及人生经历，尊重其个体的独立与个性，将理论方法逐步以学生能接受的方式进行德育教育。其次，要尊重学生作为主体之一所产生的不可忽略的作用。思政教育工作者必须让学生意识到自己的主体作用，使其产生强烈的主体意识，在日常学习和生活的交流中逐步培养起学生的自觉学习态度，真正做到心中有律、行动有规。只有在业内达成教育者与被教育者双主体地位的共识，才可以让思政教育理论不断得到创新与发展，加强思想政治教育在现实生活中的实践作用。

（2）坚持科技背景与教育方法创新的完美融合

思想政治教育作为教育体系中极为重要的一环同样也需要跟上时代潮流，利用科学技术是对教学方法的创新与发展。先进教育必须更注重培养能力，但是能力必须与自身知识体系结合在一起才能发挥更大效用。所以努力做到知识与能力的结合才能在科技时代实现科技与教育的创新发展。由此可以看出，教育者一定要将自己置身于科技发展水平不断推进的历史发展进程中，做到因势而新，同时正确认识我国与其他西方发达国家之间的差异，并与国际接轨，不断提升自身教育的质量与水平。在教育手段上的创新往往体现着一个学校对思想政治教育的重视程度，不断开展课外的实践活动，如田野调查或红色之旅等生活是让一部分缺少生活经验的青年学生体验当代中国生活最直接的方式，也是历史与现代的一次跨时空连接。还有线上慕课等大量利用网络平台衍生出的全新的教育教学方法，不仅创新了思想政治教育的传播模式，也合理优化了对受教育者的考查结构。基于此，各大高校更应该积极合理地利用网络平台，对大学生进行多方引导，让其合理上网、文明上网，全面提高网络化时代高校学子的整体素质。

（3）加强高校立德树人教育环境的基础建设

科学文化知识与人文情怀是高校区别于其他教育传播载体的关键所在，校园文化环境无论是对教师还是对学生都会产生极为重要的影响。习近平总书记在多次讲话及很多场合中都强调了立德树人这个教育大环境和教育基本理念在高校思想政治教育中的重要作用，高校作为社会主义建设人才输送的主要形式，积极推进立德树人教育环境的基础建设就是坚持以人为本原则发展创新思想政治教育。首先，要把师德师风建设放在首要位置，教师不仅是专业知识的教授者，同样也是道德教化的传播者，师风师德建设是高校立德树人教育环境基础建设最重要的一环。这要求高校教师不仅要有高学历，还要具备高尚品德，只有这样才能对学生产生积极正面的影响，对整个高校环境起着至关重要的作用。其次，必须把马克思主义的指导作用放在首位，以科学性和革命性统一的马克思主义指导思想为主体，根据受教育者的需要开展丰富多彩、创新十足的校园文化活动，具体落实理论上有指导、实践中有规范。最后，要在校园网络平台中坚持宣扬立德树人理念，将高校人本原则的思想政治教育方法和观念合理植入学生群体心中，并且以自身行动积极维护校园文化环境的创建。

（4）关注学生的内在需要

现在的大学生普遍年龄在18到24岁，大部分是"95后""00后"的大学生，他们经历了青春期的迷茫，生长阶段进入了稳定期，其表现欲、自尊心和求知欲都非常强，有了自己的人生目标和规划。他们思维活跃、眼界开阔、易于接受新生事物、创造性强，具有比较独立的主体分析判断能力。同时，他们自我意识强，在政治信仰、知识获取、择业就业、恋爱交友等方面有较强的自主性，并且有自己的人生追求，对自我的全面发展有很多主观需要。思政教育如果不抓住学生需求，那么学生就容易受到不良的社会习气的感染，会形成错误的价值观判断和理想信仰，导致思政教育达不到理想的效果。所以，在进行思政教育的时候，需要对学生内在的需求加以关注，要与实际、生活及学生更加贴近，对学生的所思所想有一定的了解，并以学生内在的需求为依据，设计及开展思政教育活动，让学生能够自觉地接受思政教育，满足自身发展需要的同时提升自身思政素养，这才是学生自己所需要的真正的人性化教育。

当代大学生受网络媒体、新闻广播、微信、微博等外界信息的影响，思想观念极易受到错误思想观念的影响，教育者如若不能及时关注和掌握学生的思想动态、解决学生热切关注的问题，那么其提出的与学生有关的意见和建议就很难具有针对性，学生就会对思政教育产生厌烦心理和不信任感，认为教育是无用的。要实现思政教育中的以人为本就应该站在学生需求的角度思考问题，深入学生和学生进行交流，掌握学生的需求。例如，思政理论教育课程结束后，学生对本次课程进行客观、合理的评价总结，然后教师根据学生提出的意见和建议有针对性地进行调整和改进，这样即使学生发挥主动性去积极思考和认可接受所学知识，也能促使教师不断的对教学进行完善，将以学生为本的教育理念体现了出来，让思政教育的实效性得到了增强。

（五）全面发展原则

从教学的整体性、综合性出发，用运动发展和辩证联系的眼光去进行思政教育教学及其体系的研究，尽可能从多方面、多角度、多侧面、多方位对这一问题展开研究分析。范畴体系中的具体内容是变化发展的，并在一定条件下可相互转化，我们要用马克思主义对立统一的辩证思维方法去研究范畴与范畴之间、每一组具体范畴内部等的辩证关系，不能把它们割裂开来进行研究，即从总体上研究和把握范畴的所有方面、所有联系和环节，促进范畴研究的全面发展，这是思维的本质所在。因为这是具有逻辑性的一个系统，其包含的每一组具体范畴都不是独立存在的，都是彼此相连、互补的，且有一个隶属关系的存在，是从简单到复杂、从抽象到具体的，并在教学实践的具体过程中，它们都处于不断变化发展中。这也说明了教学实践环节是一个联系、发展的过程，我们建构范畴体系要重点关心教学实践中种种现象之间的关系，才能从理论层面对教学的发展的不同侧面展开全面的阐述，继而更好地指导教学。

（六）心理相容原则

1. 心理相容含义

心理相容是一种群体特性，是指群体中各成员之间由于理想、信念、观点一致而形成的一种融洽的心理交往状态，是良好的人际关系在人们心理上的反映。每个人都是独立的个体，由于所处社会环境不同、社会经历各异及认知水平参差不齐等，个体之间存在一定差异，主要表现在能力、思维、兴趣爱好、性格和气质等方面。在实际生活中，个体之间又有着相互联系、相互依存的关系，只有承认自身与他人的差异，做到相互理解、相互包容、相互信任和相互支持，个体之间的关系才能呈现出良好的发展趋势，社会也才能和谐发展。心理相容是实现个体之间"你中有我，我中有你"融洽关系的前提和保证。单独的个体只有在充满信任、理解、包容和情感交流的心理环境中，才能激发其主观能动性，使其更具活力、创造性、创新性，更能以乐观健康的心态面对生活、学习及工作，实现自身价值。个体之间只有心理相容，才能创造一个积极的心理环境，从而将个体的力量凝聚在一起，集中力量实现集体的奋斗目标。

2. 运用心理相容原则的必备条件

（1）师生之间互相接受和认可对方的价值观

心理学中的相似性原理指的是拥有大致相同或者较为相似的观点的人，能够更容易理解、吸引彼此，生活中大多数人都喜欢接近有相同观点的人。教师和学生如果在信仰或者价值观等方面有较为相似的地方，就会使他们有一种"彼此相像"的感觉，这样他们在心理上就能理解彼此，易于接受彼此。在这种情况下，教师应主动通过开展各种活动接近学生，让他们自觉地在各种实践活动中形成符合社会需要的思想观念，这样形成的思想观念比空口说教更有效。

（2）教师应具备良好的人格魅力

随着经济、科技的发展和社会的进步，使得传统意义上的权威受到挑战，教师的知识储备如果不足，会导致其失去教育的权威性、学生的信任感。此外，教师不仅应该提升个人的能力素质，还应该提升个人魅力，拥有良好的个人品质。教育者是教育实践的指导者，榜样的示范力量会使教育者像一块磁铁吸引着受教育者，从而引导他们的言行。所以，教育工作者要时刻重视自我教育的作用。教育者的道德素质和个人能力应该符合教育工作者的期望。否则，教育效果将大大降低。

3. 实现师生心理相容的路径

（1）在实践活动中发挥学生的主观能动性

对于思政教育工作来说，实践活动是其第二课堂，教育者应该有意识地对实践活动进行组织，并且应该积极参与到其中。通过实践活动，使学生能够领悟理论知识，并对其进行运用，对实际的问题进行探索，并且加以有效解决，同时实现自我价值，将学生探索真理的欲望激发出来，发挥其主观能动性，使学生积极投入学习，补足自身的短板，全面健康地发展。教育者可以与大学生一起策划、一起讨论，确保实践活动的可行性、安全性、实用性，做到与学生同思、同做、同苦、同乐，形成一个轻松愉悦的教育教学氛围。教育者要让学生放下防备心理，增加与大学生的双向交流互动，潜移默化地传播正能量，发挥自身的榜样作用，成为学生成长历程中的带头人和引路人。

（2）提高教师的自身修养

教育者对待学生要做到真诚、热情、通情达理、善解人意，外在做到仪态大方、行为举止得体，这样学生自然愿意与教育者交往交流。这时教育者再通过交流给予学生思想启发，丰富其情感，满足其心理需求。除此之外，在进行思政教育的时候，教育者有教育主体与教育客体的双重身份，应在开展教育的同时接收学生的反馈，根据反馈改进自身不足，不断完善自我，促进教育方式方法和教育内容与时俱进、与生俱进，实现教育者与大学生的心理相容。

（3）构建师生平等关系

在开展思政教育工作的过程中，教育者要放下高高在上的教师形象，以朋友、亲人的身份出现在大学生面前。只有在师生双方处于一种平等和谐的关系时，大学生才会感到轻松愉悦，没有心理压力，乐于与教师坦诚地沟通交流，说出心里话。在生活中，教育者要像亲人、长辈一样主动关心大学生，让他们在充满爱意的家庭中成长，使其对教育者产生心理信赖感。在学习上，教育者不仅是教师，还是学生的朋友，要主动帮助大学生，做一个真诚的倾听者，适时给予学生正确的指导，让他们产生心理依赖感，化解对立情绪和逆反心理。

第三节　大学生思想政治教育的目标和功能

一、大学生思想政治教育的目标

大学生思想政治教育最重要的是改变学生心中最基础的观念，树立正确的"三观"，让其从心底配合教育，接受教育的指正和影响，让学生真切地、深刻地感受到中国共产党和祖国人民对青年抱有的深切期望，让他们明白中国社会主义现代化事业的完成需要的就是新青年的奉献，只有新时代的青年人不懈奋斗、不懈努力、不懈超越自己，中华民族的伟大复兴才有可能实现。将热血和青春挥洒在为祖国和同胞们的美好生活而奋斗的事业中，是青春最绚丽的挥霍方式。

要加强对在校大学生的爱国思想教育，增强他们的民族自豪感、民族认同感、民族自尊心，以报效祖国为荣、伤害祖国利益为耻，忠诚报效祖国，为祖国社会主义事业的建设增砖添瓦。同时，应根据新课程方案不断改进和调整思想政治教育课程的内容，坚持以马克思列宁主义、毛泽东思想为理论基本，坚定党的教育方针，与时俱进、解放思想，以帮助高校学生树立正确的"三观"为基础，使学生了解党史国史、共产党的基本路线和基本理论，了解我国革命历程和改革开放以来的历史和教训，使文化素质和思想道德素质的均衡发展。

（一）思想素质目标

要坚定贯彻马列主义、毛泽东思想、邓小平理论、"三个代表"重要思想、科学发展观、习近平新时代中国特色社会主义思想，明确辩证唯物主义的思想，树立正确的"三观"，在生活中不断锻炼自己尝试运用马克思主义的观点进行思考和判断；培养集体至上的"三观"，批判享乐主义和拜金主义，明确个人利益要服从国家利益的思想，对建设富强祖国充满信心和力量，为祖国奉献才是青春最好的书写方式。

（二）道德素质目标

以集体利益为最高荣誉，个人利益要服从于集体利益，坚信团队合作的重要性和必要性；吃苦耐劳、勤俭节约，在生活、学习、工作中做到艰苦朴素，享乐在后；遵守法律、热爱国家、懂礼貌、讲诚信、团结和睦；积极进取，思想要具有正能量，用乐观豁达的心态面对生活，对于事业和学习要充满干劲，秉持着严肃认真的态度，能听进各方的意见和建议，吸收批评中的精华，努力完善自己的道德修养。

高校坚持立德树人的主要表现就是要提升大学生的道德认知和优化能力。高校想要加强思政建设、回归立德树人，创新教育理念就是最重要的一步。首先，一定要转变教师传统的观念，鼓励多样的教育思想，高校的教育对象是大学生，要全面考虑大学生的自主性，鼓励大学生发散思维，让大学生形成独立思考的习惯；其次，要转变大学生被动接受的习惯，坚持全面发展的理念，充分挖掘出大学生的潜能；最后，要把中国传统文化与教育结合，充分发挥中国传统文化软实力。在借鉴的过程中，不能忽略我们本土化的特点，我们不是为了复制别人的理念，而是为了创新自己的理念，要在积极引导高校学生树立崇高的目标、坚定马克思主义信念的同时追求自己的理想。

（三）政治素质目标

对于我国的国史和国情要了然于胸，对于我国传统文化的优秀之处要加以发扬和继承，不忘初心、坚持共产党领导，继承先辈的革命斗争精神和传统，坚决维护祖国统一和团结，将祖国的利益和荣誉放在心中首位。具有献身祖国、报效人民的思想觉悟，坚定拥护党的领导和国家的政策方针，做忠诚的爱国主义者。

（四）法纪素质目标

要致力于弘扬全民民主法治的风气，自发学习我国宪法，能够做到正确行使公民权利、维护公民利益、履行公民义务。要从根本上培养高校大学生的法律意识，教导学生做到自我约束、自我管理，能够运用法律武器作出正确的判断和决策。培养学生的勇气和承担挫折的能力，在内遵守校规校纪，在外遵守社会公德和法律法规，自觉主动帮助维护学校和社会的正常公共秩序，深刻领悟法治社会的建成需要每个人来努力，要让法治变为信仰融入高校大学生的思想道德教育中，才能让思想转化为实际行动，让法纪素质教育贯穿始终。

(五)心理素质目标

心理素质是一个人心理过程和心理特征的体现,是衡量每个人在情感、意志、性格、行为等方面的综合标准体系。要培养高校大学生形成坚强、自爱的性格,增强他们的抗打击和受压能力,使其具有比较好的自我调节能力,这将有利于高校大学生未来的工作、事业、婚姻、家庭等,保证他们在遇到挫折时可以不丧失勇气和信心,不断努力去改善困境,拥有良好的心态,从而拥有良好的人生。

同时,增强大学生内心的满足感。详细来说,首先,大学生具有显著的主观能动性及自觉挑选性,在学习有关基础理论知识的过程中,他们并不是单纯地复制所学内容,而是在对这些知识进行消化与接收,思政教育要利用社会主义核心价值观来科学指导与引领学生,让他们产生积极向上的情绪,切实帮助广大学生树立坚定正确的理想信念,以便更好地形成良好的思维模式,进而得到心理上的认同感。其次,由于大学生在思政教育中占据主体地位,因此他们内化的价值理念与思维模式都将体现在其实际行动上,学生不是被动接受知识的客体,而是带有强烈自主意识的主人翁。思政教育要利用丰富多彩的社会实践活动,例如组织学生参加志愿者活动、文化体育活动或是知识竞技比赛等,使其在提高个人能力与实现个人价值的同时得到满足感,切实满足学生自身的需求与全面发展的需要,提高广大学生的幸福感及归属感。最后,大学生之间具有明显的差异性,他们的成长环境、喜好与性格特点等方面有着较大区别,这让学生在情感、素养、认知及能力等诸多方面都体现出完全不同的倾向。对此,思政教育应充分尊重学生之间的差异性,全面了解学生的潜在能力和兴趣,努力激发他们的自我优势,鼓励并支持学生自由发展,以便提高他们的精神境界,使其自我价值得到真正满足。

二、大学生思想政治教育的功能

思想政治教育作为一种社会现象、一种社会实践活动,与社会系统之间存在密切的相互关系,具有明显的社会性。大学生思想政治教育既受社会的制约,也对社会发挥能动作用。

(一)根本性社会功能

大学生思想政治教育就是以马克思主义为指导,培养大学生形成马克思主义的立场、观点等,即培育和弘扬社会主义核心价值观的一个实践过程,这个实践过程毫无疑问需要理论的指导。这一教育基本范畴的构建状况与这一教育的发展状况和水平有着密不可分的关系，它是思想政治教学规律的展开和体现，可以通过在对这一规律学习、掌握的基础上更好地发挥大学生和高校教师的主观能动性，促进学生树立社会主义核心价值观的决心和自觉性，使这一价值观在教学过程中得到更好的培育与发展。而学生自觉树立这一价值观的成熟度与对思政课教学展开研究的广度和深度息息相关，基本范畴的研究直接影响其理论体系的构建，而学生价值观的形成与其对知识理论的认知、坚信有着重要影响，学生对马克思主义理论的认知和认可度越高，其对社会主义核心价值观的认知也就越高，那价值观的培育和弘扬工作的完成度也就越高。思政课教学改革发展不断开展，其教学实践活动的形式和内容越来越多元化，教学的针对性和实效性的要求不断提高，不同基本范畴在体系中的位置和作用也会相应发生变化。所以，高校本科思政课教学理论体系会随着思政课教学基本范畴的变化和发展，不断变化和丰富，并向着更高层次和水平发展。思政课教学基本范畴的构建方式和教学理论体系的构建方式也是相互影响的。

（二）具体性社会功能

大学生思想政治教育功能被理解为思想政治教育的职能、价值等。就思想政治教育功能理解为思想政治教育职能来说，陈秉公首先提出思想政治教育职能的概念并指出："思想政治教育职能包括根本性职能和具体性职能。根本社会职能包括：为政治斗争服务，为生产斗争服务，为塑造人格服务；具体性社会职能包括：灌输、转变、调节、激励。"苏振芳则认为："思想政治教育的职能包括五个方面，即灌输、转变、调节、凝聚、激励。这五个方面在某种程度上就是指思想政治教育的功能。"

（三）保障性教育功能

1. 保障大学生和高校教师顺利、高效地完成教学任务

思想政治教育基本范畴作为指导思政课教学的最基本指导理论之一，其最重要的功能之一就是保障大学生和高校教师顺利、高效地完成思政课的教学任务。它能够使教师更加深刻地掌握这项教学实践活动的本质和规律，能够帮助学生更好的掌握教学内容，达到预定的教学目标和教学要求，从而取得良好的教学效果。

思想政治教育基本范畴研究是我们认识此课程教学实践活动本质与规律的基础。人们如果需要弄清楚真理，首先要知道什么是范畴，并用范畴去认识客观事物。思想政治教育基本范畴本身是思政课教学领域中经过科学抽象和高度概括后的概念。

人们通过对思想政治教育的基本范畴展开研究，树立正确的、科学的范畴体系，能对教学实践活动有更深层次的认识，有助于揭示研究对象的本质和规律，对大学生和高校教师顺利、高效地完成教学任务有重要的保障作用。

2. 保障大学生树立正确的理想信念

通过思想政治教育可以使学生完整地、准确地、科学地理解和把握马克思主义的科学理论，避免了对马克思主义理论零碎的、片面的、肤浅的理解，同时也可以避免或减少某些学生用个别结论、现象代替或否定马克思主义的价值立场真理性等。思政课教师用科学的方法向学生讲授思想政治理论这一科学的内容，可以帮助学生掌握科学世界观和方法论，提高其在实践中运用马克思主义的立场、观点进行分析和解决实际问题的能力，并在实际运用过程中不断加深对马克思主义理论的理解，从而牢固树立正确的理想信念。

3. 保障提高大学生的思想政治觉悟及坚定正确的政治方向

认识要达到主客观一致，需要走一条曲折的道路。范畴是通过思维逻辑对具体的现象进行抽象化，而其功能则是把抽象的概念具体化，用以指导实践，实际就体现了"抽象"的规定在思维行程中导致具体的再现。换句话说，这一教学基本范畴就是从逻辑层面展现了教学过程的系统性和整体性，从而构成教学理论的基础。思政课教学基本范畴对这门课程的教学的实践活动及相关的理论知识进行规范的功能，它是思维从抽象上升到具体的通道，对思想政治理论课教学理论进行规范，保障大学生提高思想政治觉悟及坚定正确的政治方向。

目前，随着教学手段的不断发展，实践活动内容多样、形式各异。教学基本范畴作为教学的理性认识和基本理论单元，教学的每一环节产生、变化、发展的基础，对教学中的诸要素的位置、作用都有明确的规定，它对教学的指导作用，是教学效果和目的达成的保障。在思政课教学开始前对教师所采用的教学方式方法也具备指导作用，基本范畴也是教学方向的重要影响因素，保证教学内容和对学生思想的引导方向是正确的，是与马克思主义所提倡的思想、政治、价值观念保持一致性，保证对大学生培养的是正确的价值理念和政治方向，学生通过思政课教学范畴的研究探索，有助于更好地掌握这门课程教学的理论知识，对提高大学生的思想政治觉悟及坚定正确的政治方向有保障作用。

第三章　互联网时代大学生思想政治教育的发展

本章主要论述互联网时代大学生思想政治教育的发展，分别从互联网时代大学生思想政治教育发展现状、互联网时代大学生思想政治教育发展和互联网时代大学生思想政治教育体系的构建三方面进行详细介绍。

第一节　互联网时代大学生思政教育发展现状

一、互联网给大学生思政教育带来的挑战

（一）互联网数据对大学生意识形态渗透的挑战

国内部分大学生经常沉浸于网络之中，网络信息鱼龙混杂，而有些学生深为"普世价值"的网络宣传所迷惑。海量数据信息形态各异，很难做到将所有错误信息和虚假信息都区分出来，这对年轻人的思想认识和价值观判断造成极大干扰。

互联网的普遍应用，使我们提高了自己的数据处理水平，避免让所谓的"普世价值""保护人权"等错误思想影响大学生群体。面对各种信息的大学生群体，容易迷失自己。大数据的运用方便了生活，为我们带来无限好处的同时也在不断带来风险。如何利用好、防护好是我们现在必须要做的事情。现如今国际局势紧张，各国利益牵扯不断，而我国在动荡的大环境中迅速成长，会产生精神跟不上物质的状况，更需要在意识形态上进行严格把控。

随着全球一体化进程的不断加快，以及我国改革开放的不断推进，不但加速了国与国之间经济层面的深度融合，也加速了东西方文明之间、不同国家之间、不同种族之间、不同文化之间的相互交织与碰撞，能够帮助我们拓展视野，丰富我们的日常生活，但不可否认，这些交流与碰撞势必会对我国主流思想文化产生直接的冲击与挑战，也给我国高校思想政治教育工作带来了新的挑战。青年大学生思维活跃、个性突出，他们正处于"三观"形成的关键时期，也处于从青少年

步入成年的特殊阶段，部分青年大学生在错误思想观念的影响下，产生了崇洋媚外、民族情感淡化等趋势，因此不良思想观念的影响势必会对广大青年大学生产生最直接的影响，从而影响高校思想政治教育的实效性。

习近平总书记意识形态工作的重要论述是在不断总结我国历届领导集体关于意识形态重要论述的基础上，结合我国实际国情与时代背景的新时代思想产物，充分体现了极具时代特色的创新性和与时俱进的特征。这样的时代性特征于普通高等院校而言应体现在教育模式与时俱进上。一方面，习近平总书记关于意识形态工作的重要论述的网络论述表明网络已经成为意识形态斗争的重要战场。大学生作为时代先锋产品的追随者，必然会受到网络信息的干扰和迷惑。在这样的现实背景下，已有不少普通高等院校反映时代的要求，建立起网络思政教育平台，但仍然有部分普通高等院校疏于网络思政教育平台的建设和发展，甚至有部分普通高等院校并未感悟到网络教育的重要意义、没能触及该领域，依旧保持传统的课堂讲授教学模式，教育模式老化，无法吸引学生注意力、激发出学生对思政相关内容的学习兴趣。对此，普通高等院校应及时反映时代要求，进化其教学模式。目前，翻转课堂、微课教学、慕课教学等都在其他学科上得到了积极的运用，同样在思政教育上也应该得到适当的运用。这其中就存在一个"度"的问题。思政教学内容的特性、教学科目的特点、学生年龄特点、学习能力等决定了应该使其有针对性地进行改进式发展，而不应该盲目、仓促地开展新的教学模式。另一方面，目前普通高等院校思政教育课程内容相对独立，"大思政"教育模式还未健全，未能全方位将思政教育的相关理论渗透进普通高等院校教育教学过程当中。

（二）知识的综合性对思政课教师素质要求的挑战

思想政治教育只有教育者和学习者进行双向互动才能取得良好效果，传统的由教育者一味地灌输的单向输出显然已经行不通了。信息爆炸的新时代，学生对于信息的搜索更为便利，并且这一群体对于新鲜事物具有强烈的好奇心，可以轻松通过网络获取知识和讯息。

如若教育者不与时俱进，不能及时更新自己的知识系统、改善教育模式，则会使学生对思想政治教育课堂失去耐心和新鲜感。老生常谈的知识框架会让学生觉得上课不如自己上网学习，严重地挑战了教育者的地位，对教育者自身的素质要求不断提高。

1. 互联网环境下学生思想多元化

互联网包罗万象，其中信息种类纷繁复杂，真假并存，也不乏会掺杂一些不良及错误的思想,很可能会影响大学生的人生观、世界观和价值观,很容易因为其心智的不完全成熟而被蛊惑和利用。这些错误思想和观点,通过网络平台打着"民主"和"权利"等旗帜试图影响青年群体,减少其对国家的民族感和认同感,为获取自己的利益做准备。然而在海量信息面前学生真假难辨,会分裂出不同的群体、不同的观点态度。由于受不同信息的影响,学生也会表达出不同的思想行为,思想政治教育的受众群体思想形态各异,为思想政治教育增添了难度。

2. 互联网时代获取信息即时性强

大学生群体是这个时代最活跃的因素,体验着先进科技带来的便利生活,大部分空闲时间都会选择上网,通过微信、微博等软件获取信息及沟通交流。信息网络的高速发展,使学生通过手机就可以及时了解国内外发生的重大事件,满足学生的不同兴趣爱好,及时推送其感兴趣的内容,可能在某些领域学生掌握的讯息比教师还多,给教师的课堂教育带来挑战,思政课教师如若不及时把握时政讯息,将热点问题与课堂教学相结合,会使学生失去学习兴趣,无法达到课堂效果。

互联网时代信息量庞大,虚假信息也隐匿于其中,利用互联网数据统计学生日常行为数据,可以对思想政治教育作出有效预测。但由于数据中存在虚假错误信息,就会存在误判的情况,取得适得其反的效果。一部分思政工作者无法将新技术与课堂讲授相结合,无法对思政教育进行改革,就会使得逐渐适应新技术环境的大学生不愿意接受传统式教育,甚至产生抵触情绪,不利于学生对思政课的接收,这为思政教育者带来了不小的困难。

(三)互联网数据复杂化对思政工作者数据技术的挑战

互联网数据能够对海量信息进行超高的技术分析,实现数据价值的最大化。但随着信息数字的爆炸式增长,无论是信息的收集还是信息数据的分析,都对校园的硬件设备和软件条件提出了要求。

1. 数据收集与存储困难

在巨量的数据信息中寻找有用的数据信息就如大浪淘沙,这就决定了大数据的价值密度低,在进行分析数据时增加了难度。由于校园中学生数量大,个体间差异也很大,比如,家庭状况不同、社会经历不同、教育背景存在差异等众多复杂因素都影响着数据的收集。与此同时,除了收集学生的基本信息之外,还需要收集学生的消费信息、校园出入信息、上网浏览记录及网络留言记录等众多非结构化与结构化掺杂的数据信息。而各个部门的信息都需分门别类,不但收集起来困难,存储更需要较高的技术设备支撑,在收集和储存的过程中还需要具备专业知识与能力素养，剔除无用信息留下可以用到学生思想政治教育当中的有用信息，为数据处理减轻工作量。

2. 数据挖掘与分析困难

数据挖掘是指在海量数据中找出有用信息数据、发现数据背后隐含信息的过程。但在这一过程中数据包括结构化数据、非结构化数据，其中数据来源不同、形态不同，这对数据分析提出了不小的挑战。学生是情感非常丰富的一个群体，但部分学生不在网络上发布自己的真实想法，加之数据采集具有机械性，无法区别情感的真假，就会出现对错误信息作出分析，从而作出错误的预判的情况，利用这些由虚假信息分析出来的错误信息，往往会使思想政治教育工作取得适得其反的效果。在网络环境下，高校对学生的信息收集和储存是碎片化的，将这些碎片化的信息连接起来，并分析其中的相关性是大数据当前在高校中运用的困难。如果高校能够将学生的碎片化信息串联起来，找出信息中的相关性，区分真假信息，则能够使思想政治教育向现代化迈入一大步。

3. 大学生思想政治教育工作与大数据技术结合困难

数据如果收集储存不加以分析、挖掘，则会浪费大量的人力物力，数据如果分析挖掘后不加以利用，那么数据则会毫无价值。大数据时代高校思想政治教育创新的主力军是思想政治教育工作者，而思想政治教育不仅要在形式上和观念上转变思维，更应该落到实处，了解和学习大数据的运行机制，深入大数据的工作当中，切实掌握大数据的分析技术。当前在思想政治教育工作者队伍中，掌握大数据技术的人才少之又少，掌握这种交叉学科知识的人才不容易培养，既需要有过硬的、专业的知识能力，又需要具备专业的数据技术素养。所以，培养能分析出数据之间的相关性并运用到大学生思想政治教育当中的人才已经迫在眉睫。

二、互联网时代大学生思想政治教育存在的问题

（一）社会思潮的竞相登场

改革开放以来，不仅国外先进的技术传入我国，西方社会思潮也以势不可挡之势涌入。高校大学生正处于世界观、人生观、价值观形成的关键期，各种社会思潮的竞相登场，直接考验大学生明辨是非的能力，影响大学生的文化认同。

1. 各种社会思潮的不利影响

西方各种社会思潮的竞相登场某种程度上威胁着高等院校学生的文化认同。诚然，新自由主义关于市场经济的论述将"诚信意识"提到新的高度。大学生在

日常交往中具有较强的诚信意识，无论是勤工俭学还是创业，基本都会按照市场经济秩序、讲究诚信，为更好地进入社会打下了较好的基础。但新自由主义打着"自由、民主、平等"的旗号，倡导私有化、市场化、自由化，对大学生的金钱观、消费观等产生了消极影响。部分大学生的思想越来越自私，将金钱放在第一位，盲目追求自身利益的最大化，进而迷失了人生方向，受到物质主义的驱使，行为取向功利化，以追求利益、金钱为人生的价值目标，把追求感官享受作为人生目的，把世俗的快乐作为人生追求，渴望无节制的物欲享受，超前消费、物质至上。比如一些大学生不考虑家庭经济实力，盲目追求品牌，大肆购买奢侈品，攀比心理严重，进行炫耀消费。近年来，"校园贷""裸贷"和电信诈骗等在大学校园并不陌生，少数大学生甚至因无力偿还高利贷而付出珍贵生命。

此外，如今"民主"一词频现各大新闻媒体，中外学者对"民主"的概念和内涵进行了较为深刻的探讨，一定程度上强化了大学生的"民主"意识。然而，各种西方社会思潮本质上代表着资产阶级利益，突出个人本位、个人利益至上。受其影响，部分大学生盲目鼓吹资产阶级政治观，传播资产阶级自由化观念，缺乏强烈的本土文化认同，给社会造成了不良影响，甚至威胁社会安全。

我们可以看到，在大学生群体中，麦当劳、肯德基在我国很受欢迎，欧美大片受部分学生追捧。这些行为表征着我国当代大学生对西方文化认同的增强，甚至产生了一定的依赖。在多元文化冲击下，青年学生作为社会的栋梁若对本土文化陌生而盲目崇拜西方文化，将对我国社会安全造成严重的威胁。

2. 历史虚无主义的不利影响

中国共产党作为执政党，领导了中国历史上意义最为深远的革命，完成了中国历史上最为彻底的社会变革。中国共产党之所以能够取得革命的成功，不仅有马克思主义思想的指导，也与广大人民群众的支持及中国共产党的正确领导分不开。然而，历史虚无主义者肆意编造、篡改、歪解历史事实，这是对历史的不尊重，也是对人民群众的不负责。这也对国家安全造成严重的威胁。抵制历史虚无主义，是高等院校的重要职责。

3. 主流意识形态被弱化

处于社会转型期的当代中国，迫切需要正确的价值观念引领社会的发展。而新自由主义、网络民粹主义、历史虚无主义、新儒学主义及"普世价值"等冲击着我国主流意识形态，阻碍了正确的价值观念的形成及发展。新时期多元开放的价值观念及复杂交互的传播土壤，助长了不良社会思潮的蔓延。这些不良社会思潮在给高等院校的人才培养带来了极大挑战，甚至决定着高等院校人才培养的质量。

一些人希望通过较为完善的理论建构在广大青年大学生中引发共鸣，以引起大学生的重视，进而潜移默化地向大学生渗透不良的价值观念。互联网具有方便快捷、门槛低、时效性强、参与度高、直观性等特征。大学生虽具备了一定的理论思维，但仍不够理性成熟，尤其是现代大学生逐步进入读图时代，他们对理论性的文字并没有太多兴趣，反而喜欢关注图文并茂的信息及娱乐性的视频。一些不良社会思潮利用学生的这些特点，制造一些虚假的图片或者错误嫁接事实增强其真实感来迷惑学生以及拉拢学生，冲击高等院校校园主流意识形态的话语权。最后，某些别有用心之徒在网络上宣扬社会矛盾，并在高等院校传播，干扰主流意识形态的价值导向。

4. 全球化增加高等院校思政育人难度

全球化最初是从经济领域开始的，但却不仅仅单指经济的全球化。经济全球化直接或间接带来了国与国间政治、文化等的交流。当前全球化已成为我们无法回避的时代潮流，在给我们带来诸多便利的同时，也带来了挑战，尤其是对思想领域的冲击较大。

部分西方资本主义国家企图通过经济全球化来掌控世界经济大权并影响世界人民的消费观念。这种被动接受其物质产品的行为会无意识地渗透到部分青年人的生活理念和价值观念中，最后导致其不仅衣食住行盲目模仿西方国家，价值观也易被西化。

部分西方资本主义大国欲通过文化全球化进行文化渗透，以此影响和改变我国青年人的文化取向和价值观念。其宣扬的个人主义、拜金主义、享乐主义等西方资本主义思想观念也随之涌入，使得部分大学生产生较为严重的不劳而获思想，企图通过各种急功近利的手段过上美好生活，盲目追求名牌效应。大肆消费、超前消费在青年群体中出现，忽视了中华民族长期以来艰苦朴素、独立自强的优良传统。此外，部分西方资本主义思想观念也逐步渗透到高等院校教师群体中，这就使得高等院校的思政育人遭到前所未有的挑战和威胁。

5. 新问题干扰马克思主义指导地位

改革开放40多年来，在经济全球化、现代信息技术等的冲击下，思想领域出现了一系列新问题、新挑战，干扰了马克思主义的指导地位。宪政民主、"普世价值"等不良社会思潮与我国主流的思想形态争夺话语权，并借助各种手段在高等院校渗透。部分高等院校负责人片面地将学校主要任务放在教学工作上，对思想文化领域的教育重视不够。部分高等院校管理者对新问题的认识不足，尚未采取强有力的举措,也未能健全高等院校党委的统一领导。这些问题不仅给高等院校思政育人带来不良影响,也会影响国家的政治安全。

(二)社会主要矛盾的变化带来的问题

1. 不平衡、不充分发展问题

共产主义是马克思主义版的"历史的终结",较之福山版的"历史的终结",马克思主义关于共产主义的美好设想是奠基于社会形态变迁客观规律之上的,从一定意义上来说,共产主义美好设想的制度魅力不仅对人们造成事实上的吸引,更是人们对社会制度认同的决定因素之一。但是,从社会形态发展的过程性来看,社会主义初级阶段是共产主义的低级形态,存在着复杂的长期挑战和阶段性问题。

作为社会问题高度凝练的社会主要矛盾,是社会客观问题的理论表达,同时也是社会发展方向的问题指引。党的十九大报告在对我国发展的历史方位作出回应的同时,也对新时代我国社会主要矛盾变化给出与时俱进的凝练论述,即"人民日益增长的美好生活需要和不平衡、不充分的发展之间的矛盾"取代1981年中共十一届六中全会关于社会主要矛盾的论述。历经改革开放四十余载自力更生的奋斗,社会生产力取领域发生重大革命,部分领域社会生产力世界领先、部分领域等同于世界平均水平,当然还存在落后的社会生产。横向来看,农业、工业、信息高科技生产共存于一个国度,我国已然成为环宇具有最完整生产链条的国度。但是,当前的中国特色社会主义仍然与共产主义差之甚远,经济社会的全面发展不仅在制造、引导着新的需求的出现,同时建立在经济社会全面发展的基础之上,人们的需求呈现爆炸性增长,无论是种类的多样化还是层次的高质量,都对我国现有的社会生产水平提出挑战。总体看来,宏观上的供需矛盾仍将长期存在,这样的社会现实,使得部分高等学校师生只见树木不见森林、只见局部不见整体,进而对中西发展作出非科学的对比,一定程度分流了制度优越性认同。

2. 培育认同感方面存在很多不足

培育认同是意识形态教育的价值旨归所在,在新时代的中国社会生态里,意识形态教育的价值旨归就是旗帜鲜明地培育"五个认同"意识,筑牢中国特色社会主义事业的精神高地。现阶段,我国部分社会问题仍有可能长期存在,这些问题是造成认同问题的主要因素。

首先,经济上存在的问题。其一,市场化造成的城乡差距、地区差距及悬殊的个体差距问题;其二,市场化发展带来的社会资本化倾向;其三,市场化发展造成的拜金主义、享乐主义、极端个人主义问题等。这些经济场域存在的问题与共同富裕目标之间的冲突，在短期内难以解决。

其次，政治领域仍需继续发展。其一，反腐高压常态化背景下腐败问题仍然存在，腐败作为政治毒瘤欲消除仍需接力；其二，传统政治遗弊在政治生活中仍有苗头，对民主政治造成挑战。

再次，与政治、经济的世界地位不相匹配的世界文化影响力。好莱坞是资本主义文明向世界传输其文化、价值观的平台，我国欲增强世界话语权，要打造能与好莱坞同台竞技的文化产品，提升中国文化的竞争力，增强文化自信。

最后，部分社会问题逐渐显著。出现于资本主义社会的平行社会现象在我国出现苗头，阶层固化并没有因为市场经济发展而消失，社会垂直跃升的平台搭建，但是却越来越难实现垂直流动，我们生活的社会，仍然有诸多社会问题，也有很多问题在来的路上。这些社会问题，与共产主义社会相形见绌。社会各方面问题的存在，不是走向共产主义的垫脚石，而是奔向共产主义康庄大道上的拦路虎，它们的存在，是造成认同资源流失的现实因素。

3. 部分教师缺乏认同

目前，部分高等院校教师缺乏理论认同、政治认同和情感认同，使得马克思主义在高等院校的指导地位尚未受到足够重视。

首先，理论认同不强。一些学科课程中不讲授马克思主义的相关内容，部分学校的管理人员对从事马克思主义教育工作的教师和研究人员不够重视，对马克思主义的理论缺乏认同。

其次，政治认同不强。当前部分高等院校教师缺乏强烈的政治认同，对高等院校的职能认识不清，受功利主义价值观影响，过度追求个体利益，偏离了社会主义办学方向。比如个别高等院校教育管理者缺乏政治信仰，以权谋取荣誉、职称、奖项、项目等，弄虚作假、扭曲是非，在社会上造成恶劣影响。

最后，情感认同不强。2004年，我国将"马克思主义"设为一级学科，"马克思主义"学科的教授及学习马克思主义专业的学生的规模不断扩大。但个别人只是把马克思主义作为获取个人名利地位的敲门砖，而对马克思主义缺乏强烈的情感认同。在课堂上，有些高等院校教师照本宣科，将马克思主义教条化，严重影响了学生对马克思主义的情感认同。

（三）高等院校自身的不足

高等院校自身的不足体现在"三不"现象，即"不愿抓""不敢抓""不会抓"。

第一，不愿抓。部分高等院校教育管理者没有认识到思想政治教育工作的全局性和战略性意义,在思想政治教育工作上职责分工不明确,缺乏常态化的工作机制,以至于在出现问题时互相推诿、互相指责,不愿承担责任,甚至根本不重视思想政治教育工作中存在的问题。

第二,不敢抓。一些高等院校教育管理者在面对学校内部和社会上的错误言论时,因害怕得罪人而采取漠视的态度,不敢坚决抵制错误言论,更别提积极引导学生树立正确的思想观念,导致一些错误的思想流入高等院校。部分人员在高等院校大肆宣传西方资本主义价值观,还有一些归国留学者过度美化西方思想体系,宣扬西方的"普世价值"和新自由主义思想。部分高等院校教育管理者不敢对这些行为进行批评教育,对西方资本主义的本质、"普世价值"背后的理论基础等缺乏批判,在思想政治教育工作中显得软弱,给了不法分子以可乘之机。

第三,不会抓。在新媒体、自媒体的助力下,高等院校日渐成为各种思想竞相碰撞之地。思想的繁荣固然彰显了高等院校的科学研究、文化传承与创新、国际交流与合作等职能,但也给高等院校的管理工作带来挑战,高等院校教育管理者需改变工作方法、创新工作手段,以更好地适应文化繁荣带来的挑战。然而,部分高等院校教育管理者在思想政治教育工作上忽视了工作方法的创新,思想政治教育工作缺乏有效性。具体体现在以下几个方面。

一是教育目标与社会脱节。教育目标是关乎将教育对象,也就是将大学生培养成什么人的关键问题。目前,高等院校教育目标的制定是在教育部相关学科建设的规章制度要求下进行的,对学科发展及学校发展规划的因素考虑得比较多,考虑学科发展与学校发展规划的因素比较多,而对服务社会意识的注重程度明显不够。高等院校教育的目标是促进学生的全面发展,但学生的发展往往依托学科专业建设,无暇顾及思想政治教育与社会的真正契合度,导致学生的发展与社会脱节的现象时有发生。面对经济全球化的冲击、西方价值观念的影响,部分学校急功近利,只关注眼前利益,只注重与其学校发展有直接关系的专业发展,教学目标偏向功利化、短视化。

二是教育内容与社会脱离。教育内容是决定如何培养大学生的关键环节。高等院校进行教书育人工作,教育内容有着严格的程序规定与制度标准,但是与作为教育对象的学生迅速发展的思维来说,教育内容的更新速度比较迟缓,有些思想政治教育内容已经脱离了社会前沿内容,没有办法对当前国际国内重大问题、热点问题和敏感问题作出及时的反应,对学生的吸引力不够。枯燥的理论教育引导往往脱离社会现实,学生容易产生消极情绪,而且导致学生注重程度明显不如专业课程,不利于思想政治教育效果的有效体现。

三是教育方式与社会脱位。教育方式是推动大学生综合发展的多样平台。教育方式要想能够引发共鸣，就必须要贴近生活、贴近学生、贴近时代。现阶段，虽然各高等院校针对思想政治教育工作也进行了许多尝试，如建立班级微信群，采取校园文化、社会实践等形式丰富思想政治教育的形式，可是这些教育方式在创新方面依旧比较缺乏。高等院校进行思想政治教育仍然以课堂说教为主，其他形式只能作为补充开展，教师开展活动频率较低、学生参与度不高，与社会之间的切合度也不高，仍然有较大空间可以挖掘利用。

四是教育评价与社会脱钩。教育评价是检验大学生是否培养成才的审核环节。思想政治教育本身具有批判的功能，形成的教育评价最终目的是促进大学生的全面发展，实现大学生的个人价值与社会价值的双提高。但是从目前的情况上看，教育评价往往流于形式，模式化的教育评价往往对学生没有激发作用。大学生本身对思想政治教育的热情度不高，如果评价机制过于死板、僵化，对学生的教育评价"一刀切"，无法体现学生的个性特征，会阻碍大学生参与思想政治教育活动的积极主动性。目前高等院校思想政治教育评价由任课教师来进行，社会参与度较低。特别是针对社会实践、社会公益活动等的评价几乎与社会评价脱钩，评价不全面、不客观。

（四）其他方面的挑战

随着时代的发展变化和改革的纵深推进，思想政治工作也发生着深刻的变化和调整。对于高等院校教育来说，"政治"是其鲜明的特点。在人员组成上，思想政治教育的基层人员以硕士以上的高学历干部为主体；在工作性质上，一些教育人员从事工作复杂且非单一化，主业在于科研但同时又要遵守相关的条令、条例；在思想政治工作的参与度上，除了统一教育的"规定"内容，还必须有针对性地开展"自选"内容。在高等院校开展思想政治工作必然要从其性质特点出发。

1. 客观因素带来的现实挑战

（1）东西方实力的悬殊带来的挑战

如今各国之间逐步呈现出既相互竞争，同时又相互联系、相互依存的关系。西方发达国家经过长时间的积累，已经拥有超强的经济实力，当前我国仍然处于社会主义初级阶段，和西方国家的生产力相比仍然有很大的差距。

（2）教育着力点的不同带来的问题

如今在"重学历"的招聘环境影响下，目前大学生在选择专业及学习的过程中呈现出重视科技忽略人文、重视工具理性轻视价值理性的现象。从学校层面来讲，学校与学校之间的竞争往往主要看智育成果，比如学生获得科技奖、人文奖、技能竞赛奖的多少。在现实的实践教学环节，往往以知识与技能传授为主，轻视思想政治教育和品德培养，促使德育普遍流于形式。现在，在国家的提倡下，学校普遍倡导德育为先的育人理念，但面临人才培养考核、教学评估等具体工作时，却是处于"做起来次要，忙起来不要"的尴尬境遇。

（3）时代变化带来的全新问题

伴随着改革开放与经济一体化的发展，世界各国之间的交流与接触更加频繁，互联网技术的发展也为大学生获取、传递、编辑信息提供了平台优势。由于网络信息传播基本是无国界的，西方资本主义思想通过互联网得以迅速传播，影响着大学生的思想和价值观念，进而对以马克思主义为核心的主流思想产生巨大的冲击。

信息时代是一把双刃剑，学生在享受轻松获取信息的同时，却无法随自己意愿甄选有用信息，海量的信息一股脑地灌入学生脑中，为思想政治工作的开展带来了新的问题和考验。

首先，互联网带来多维评判标准，在互联网上，往往舆论开始发酵，当事人或相关部门还未察觉，导致出现"真相还在穿鞋，谣言已经在满世界乱跑"的情况。比如由于猎奇心理，一个负面舆情的杀伤力往往比上百个正面宣传更容易被大家认可和接受，即使漏洞百出，但很多网友还是愿意去探究，甚至有些不怀好意之人在主流媒体辟谣后还要进一步造谣。

其次，多元化的信息时代，对于相同的知识内容，学生可以通过多种渠道获取所需信息，而不仅仅受限于由教育者和管理者提供。例如在互联网或视频网站搜索"十九大精神解读"的相关内容，得到的结果几十万条，而且其中很大一部分都是著名专家和学者的解读。另外，在手机的 App 软件中，《人民日报》《解放军报》等权威媒体客户端都已经实现了全面覆盖，学生可以随时随地获取所需信息。从另一个层面看，目前的政治工作必须具有独特的切入点，而不能仅仅是"简单借挪"拼凑内容，如果不能很好地结合国际国内的形势变化和实际特点，不能很好地贴合基层热点敏感问题、学生切身利益，就难以吸引学生眼球、拨动学生心弦、获得学生的认同。此外，评判一个教育者和管理者合格与否，并没有明确的指标和量化标准，更多地依靠学生直观的感受和评价，包括主题是否鲜明、内容是否丰富、方式是否灵活等。所以说这也存在着一定的问题。

可以说，思想政治教育工作持续推进、信息技术的不断推广、互联网和智能手机在高等院校内大量普及使得高等院校学生的思想更加多元化。如今很多学生逻辑性强、对问题的理解和分析有着个人独特的见解和看法等特点，使高等院校的思想政治工作研究更具有现实性、必要性和时代性。

（4）理想与现实造成的一些冲击

中华人民共和国经过几十年的发展，社会、经济、文化等各方面均取得了突出的成绩，但是在取得成绩的同时，也存在一系列的问题，如贫富差距扩大。其具体表现在城乡差距、东西部差距、不同社会人群之间的差距进一步扩大。社会公正、公平与经济效益产生失衡，预期收入与实际收入之间的差距，以权谋私、腐败等问题的存在还应得到广泛的重视。与此同时，当今社会竞争压力逐步增大，大学生面临严峻的就业形势、学习压力、生活压力，为了应付这些，学生只能不断提升自我。当他们面临"接收到的理论与现实情况不同""说和做不一致"时便会产生迷茫和失望。

（5）检验思想政治教育效果的方法不足

目前，上级检查教育效果，一是教育教案、二是教育笔记、三是现场提问及考试，由于检查往往时间有限，教育效果的好坏往往就是一份精美的教案、几本教育笔记和随机抽查的几个问题所决定。在调研过程中，有超过半数的人认为，政治工作的最终目的是管住思想，而不是流于形式，检查高等院校思想政治工作开展得好坏，除了笔记、教案、提问等，更应该结合一个学生有没有完成任务和人员凝聚力多方面进行考量。

2. 主观因素带来的现实挑战

在高等院校，思想政治工作中存在时间、地域、思政课教师自身能力、思想政治骨干作用发挥等方面的现实挑战。这些方面的因素更多地体现了主观因素带来的现实挑战。

（1）时间利用的有效性还需加强

政治教育、谈心交心等经常性思想政治工作，无论是单向传授还是双向交流，教育效果是与开展时长成正比的。从目前的要求看，对于思想政治教育工作，各高等院校可根据单位情况自行调配，但是应该充分保证教学时间。

（2）高等院校教师自身能力亟待提高

通过对高等院校思政教育管理者进行调查可以发现，其来源主要是干部和其他行政人员转行，直接从院校思想政治专业毕业的只占到10%。俗话说"隔行如隔山"，校思政教育管理者转行后对政治工作从头学起，有些理论自己都不甚理解，只能照本宣科；有些问题自己都一知半解，讲起来只能是似是而非；有些政策自己都解读不清，执行下去容易使学生产生困惑。同时，部分思想政治教育工作者还要分管其他多项工作,精力上也很难顾及全面。

(3)工作互动存在不可控性

在与大学生的互动中,如果思政教育工作者没有做好引导工作,很容易造成教育的反效果。比如在讨论一些管理案件的时候,一些学生往往会从社会因素、生活环境等方面去解读,恰恰忽略了案件当事人自身的原因和问题。在这种讨论中,负面的互动更能引起大家的兴趣和热情,所以开展互动式教育需要思政管理者做好充足的前期准备工作,尤其是对可能出现的非主流观点提前想好应对策略,尽量在其观点抛出时就给予回应和引导,让整个讨论向主流观点靠拢。

(4)参与者群体存在的诉求差异

在高等院校,参与者的问题是制约思想政治工作开展最为核心的因素。反过来讲,思想政治工作本身就是为参与者服务的,其核心目的就是解决参与者的问题,看似很矛盾的表述,但中心思想是统一的。不同年龄对思想政治教育的需求不同。很多年纪较小的大学生对教育时间的期望最小,对教育内容持"无所谓"的态度,对教育方式则有更高的期望和要求。这反映出年轻人对政治教育的基本态度——短小、精干、要点突出、形式活泼。此外,还有一些大学生对教育时间基本没有诉求,认为目前的教育时间比较合理。对教育内容则认为过于刻板,应该加入一些时事政治或舆论热点问题的讲解和解读,对教育方式没有过多要求。这反映出学生对政治教育的基本态度——深刻、有吸引力、贴近时事。

不同学历层次在人生观和价值观的培育上有较为明显的区别。但不同年龄、学历层次对思想政治教育需求也存在一致性,常规类型的教育吸引力已不是很大,更多地需要思想政治教育工作者与时俱进地将当下舆论热点和前沿信息知识融入教育中,增强政治教育的时代性。

(5)学生主体的学习体验存在不足

从目前来看,思想政治工作方法和思想政治工作手段单一。我国针对大学生的思想教育更多地采用教师讲授、学生听课的灌输说教式方式。教育者按照教材机械地照本宣科,对所受理论的实践指导性的关注不够,再加上教师为了能够在规定的学时内完成授课计划中规定的内件及学院为了完成人才培养方案中规定的学时,实行大班或者合班授课,如此便成了"教师上课讲理论、学生课上做笔记、考试之前背笔记、考试考笔记",论完全脱离实际,学生感到所学到的知识没有任何现实的指导作用,缺乏运用理论分析和解决问题的能力。因此,这便很难触及学生思想观念层面,学生更像是一条生产流水线的产品,通过学校标准化的生产方式进行生产,制造出来的便是一个缺乏个性、缺乏创造力、没有自己独立思考能力的"产品"。与此同时，灌输说教式的教育还容易引起学生的反感，造成学生的逆反心理，进而失去教育的效果，反而为西方的思想渗透留下了一定的空间，给以马克思主义为核心的社会主义主流思想带来威胁。

（6）主体教育意识不同带来的挑战

我国高等院校在思政育人的过程中，大多采用"主体—客体"，即"教育者—受教育者"的教化模式。这种模式虽然有其固有的优势，但却用对待"物"的方式来对待"人"，除了具有单向注入的特点外，还拥有强制性和命令性等特点。在这种意识主导下的思政教育虽然能够进入受教育者的头脑中，但是因客体缺乏自主性及选择性，严重挫伤受教育者在教育过程中的主动性和积极性，更有甚者会导致教育内容入脑不入心。在现代教育理念中，凡是忽略受教育者主观性、潜在性及复杂性的方式与做法，都将不能真正达到教育的目的。当代大学生生活在一个信息开放、爆炸的时代，在日益开放的环境下，他们能够通过多种渠道获取自己想要的信息，主体意识、自由意识都在逐步增强。意识形态教育应该紧跟时代与社会的发展步伐，采用双向互动模式，在调动广大学生学习积极性与主动性的同时，对其加以引导，把控方向。

第二节　互联网时代大学生思想政治教育发展

一、构建适应互联网时代的思政管理模式

（一）管理机制与时俱进

科学的管理机制，最重要的是与时俱进，将时代的发展特征与领导机制和管理机制相结合，探索出一个合理的、科学的办法。管理机制最初的建立应当由校方领导和相关部门负责人牵头领导组织，站在宏观的角度对高等学校的思想政治教育管理模式进行统计分析，规划好各方面的管理职责，划清权责，并要求各个部门之间要相互联系、互相配合完成工作。之后，从系部入手，安排监督人员管理网络，监控和管理各系的网络言论，发动学生党员、学生干部，深入学生群体中，收集相关信息和意见建议等。在队伍管理机制方面，讲求目标观念，以完成目标为主要任务，扎实工作，对高等院校教师严格进行考核。在管理方式上，使用多方面综合考核的方法，不仅要制定相关政策、规定的考核方式，还要有自我

总结和自我反思、代表投票、量化评比、综合考查的方式。而且这样的考核方式还会纳入先进教育工作者的评优、晋升、奖金的发放考量方式中，作为参考依据。这样会极大地激励思想政治教育工作者的工作积极性，也能推进思想政治教育的发展空间。除此之外，网络环境下的思政教育观念也应当有所转变，应紧跟时代潮流，继续创新和发展。思想政治教育管理网络化是思政教育管理工作适应新技术的必然要求，建立适应网络时代特点的思想政治教育管理机制有利于高等学校的和谐稳定和思想政治教育目标的最终实现。

（二）思想理论为指导

网络时代下的思想政治教育管理是一个新的机遇，也是一个新的挑战，思想政治教育管理迫切地需要思想理论为指导。在这方面的开展下，应当由三个方面的人员组成，这三方面的人员既是核心又是组成部分，分别是网络技术管理人员、思想政治教育管理工作者和理论工作者。这三类人员，都应该从各自的职能出发，积极向着适应时代网络特点的思想政治教育管理而迈进、靠拢。传统的思想政治教育管理工作以"防、堵、管"为主要实施手段，理论研究的指导作用弱，传统的思想政治教育理论的发展远远落后于时代的发展。因此，在研究过程中，要充分考虑到学生学习的各个阶段，充分将思想品质教育贯穿在每一个阶段。将社会道德、责任感、法制和行为规范等一并列入其中。社会舆论问题是一个极难控制的问题，只有从根本上提升公民的个人素质水平，才能建设一个和谐、文明的网络环境。网络时代下，思政教育管理理论研究的一个重要的功能就是要把握网络舆论的发展规律，研究如何科学引导、解决矛盾、理顺情绪的方法，要提前做好不良舆论的应对措施。我们要充分认识到网络时代思政教育管理工作进行理论研究的重要意义，认真分析网络时代高等学校思想政治教育管理工作的特点和规律，不断探索、不断开辟新的路径和新的方式方法。在理论上把握好思想政治教育的方向，才能有利于高等学校思想政治教育管理工作的开展，为思想政治教育工作源源不断地提供理论指导，实现培育社会主义现代化新人的目标。

（三）经费保障得以落实

经费保障是网络时代思想政治教育工作所必须的条件。高等学校的经费要保证专款专用，严禁挪用。高等学校要明确设立学生思想政治教育管理工作方面的投入科目，确定合理的投入额度，列入预算，按时调拨。关于思想政治教育经费问题主要由两部分组成，是对思想政治教育管理网络基础设施的日常投入，主要体现在学生假期实践活动、思想教育活动、心理咨询等，以及一些网络基础设备的支出。二是对思想政治学科的建设经费支出。国家大力支持高等学校的发展，高等学校也应当以此为契机，充分改善物质条件和教育条件，积极地为学生开展思想政治教育。为教育活动提供必要的场地和一切需要的场所，并不断地改善和优化条件。在思想政治教育管理工作中，要对各种教学设施，如计算机、多媒体、活动器材及场所进行改善，达到最优。只有做到这样，才能更好地取得有效的成果。

（四）工作队伍得以完善

提高思想政治教育工作者的"互联网+"应用水平，建设教育管理工作队伍是重中之重。高等院校教师队伍的进入门槛就是能够娴熟运用网络技能，设置高等院校教师队伍的初衷就是使高等院校教师教书育人的功能得到最大限度地体现，而这一目标必须要通过提升高等院校教师运用网络技能的水平来实现。因此，高校在强化高等院校教师网络技能运用能力方面要多做尝试和创新，在教学领域尚未被网络覆盖的年代，高等院校教师仅有的专业水平和职能技能应付传统教学活动绰绰有余，所以当时并未体现出改善高等院校教师职业技能的必要性。自从网络成为社会发展的一部分后，教育领域也感受到了"互联网+"的驱动功能，教学活动的开展对网络的依赖性也不断提升，网络平台能够以影像资料这种直观且形象的方式再现思想政治教育的基本概念、内涵，而且方式新颖，不仅可以达到预期的教学效果，还能保持学生注意力。也正是因为如此，"互联网+"教学模式才会迅速传播，得到广泛应用。然而个别教龄比较长的高等院校教师却思想守旧、落后，不愿意接触"互联网+"教学模式，所以即便其教学经验再丰富也无法达到预期的教学效果。针对此种现象，高等院校教师特别是教龄比较长的高等院校教师应该积极反思，准确把握社会趋势，主动接触和了解新事物，比如尽快掌握计算机基本操作方法，在教学中引入信息化设备和软件，早日熟练运用"互联网+"模式开展教学活动。当理论内容有所更新时，要第一时间加以研究，若仅凭自己现有的知识和技能无法驾驭新的内容时，要学会利用互联网的方式搜集资料、数据，提炼有用的信息，使自身的专业理论水平得以提升。当然这些目标的达成都离不开高校的支持与帮助，高校应该为教师学习新教学知识和技能提供平台和条件，使各个层次的高等院校教师都能实现个人进步。具体来说，应该从以下几方面出发。

1. 人员技术水平提升

要充分了解学生的思想发展趋势，就要跟上学生的潮流，站在学生的角度去考虑一些问题，紧跟时代发展的道路，与学生的思想接轨，以便于准确有效地处理学生之间的事件，进而提高管理能力，准确地干预、指导。除此以外，还要提升高等院校教师队伍与时俱进的能力，尽可能多地接触网络技术，引进一些网络技能人员，提供一些技术支持。面对复杂的网络环境，正确地引导舆论，武装好思想，抵制不良信息的传播，尤其是在一些紧要关头，在关乎国家利益、民族形象的时刻，更要保证学生的思想不受不法分子的动摇。可以采取一些必要的措施对网络信息进行筛选和实时监控，防止黑客入侵，及时更新和进行漏洞的修补，在网络时代发展的同时，也要注意网络的安全性。

2. 网络信息鉴别能力加强

在网络上，存在着各种各样的信息，内容十分丰富，当然也会存在一些恶俗的不良信息。高等院校的学生明辨是非的能力较弱，不能准确地分析网上的一些信息，极易遭受不良信息的侵害。从这点上来看，就需要思想政治教育管理者必须具备高素质的修养和能力，能够对网上的各种信息进行分析区别。而对于思想政治教育管理者来说，更应加强自己的品德修养，认真地学习马列主义，不断提升自己的水平，从自身做起，注意自身的道德素质问题，学习优秀的传统文化，借鉴历史、以史为鉴，提升自己的各方面素质和能力。除此以外，思想政治教育管理者还要加强网络法规学习，增强对网络道德标准的理解。

3. 网络培训机制完善

网络时代，网络技术培训应符合新的时代特征，高等学校管理者要完善网络培训机制，既包括校内的、常规进行的培训活动、研讨活动，也包括社会有关组织发起的专项培训。培训的内容要与时俱进，作为高等学校，还要考虑学生的特殊性，在培训的时候，还要加入思想政治教育管理方式怎样才能更符合学生需求的相关内容。

在培训的内容方面，第一是加强网络语境下思想政治教育管理观念的培训，转变思想政治教育管理者的传统观念，有目的地提升这支高等院校教师队伍的素养。同时，要把提高思想政治教育管理者的素养这一重要的培训方针政策纳入党委的日常工作中。第二是网络信息素质的培训。网络时代思想政治教育者要了解网络发展和懂得使用网络。首先，要明白网络的基础法律知识和网络的基本功能。思想政治教育管理者要提高自己的网络素养，对新时期提出的新目标要认真完成，充分掌握自己的工作职责。其次，要学会运用网络软件，网络软件也是各式各样的，一定要经过专业的培训，了解相关软件的使用。最后，要注意网络语言的使用和沟通交流，网络沟通与现实中面对面的沟通是有区别的，所以更需要思想政治教育管理者转变传统观念，与时代接轨，融入网络交流之上。第三是综合素质的培训，思想政治教育管理者不仅要了解人文、社科等方面的知识，还要有辩证思维和团队合作精神等。为了应对网络时代的工作要求，高等学校在培训执行过程中，要突出自身的特色，通过多种形式，提高思想政治教育管理者的综合素质。

4. 工作队伍结构优化

网络时代的思想政治教育管理工作需要人才的扶持。人才的整体水平直接决定着思想政治教育管理工作的水平。对高校思想政治教育管理人才结构进行优化组合，可以满足网络时代思政教育管理人才的需求。优化高等学校的思想政治教育管理工作队伍可以从以下三点进行。首先是对学校党支部、网络中心、各级学生干部，总体把控局面，负责管理工作，各部门之间互相帮助、互相联系，针对同学们提出的问题及时进行反馈和解决。学校领导要重视起来，建立领导班子，共同分析局势的走向和一些重大问题的解决办法，对学校网络的建设和更新进行维护和管理。各系也要增强网络宣传教育意识，积极配合学校做好网络内容的充实和更新工作，加大网上宣传力度和学校各项工作的透明度，实现公开与透明。二是各个系部也要认真贯彻落实上传下达的任务，积极宣传健康网络知识，配合好领导班子的检查工作，还要对本系部的学生思想、学生行为、学生建议等进行掌握，积极与学生沟通，了解学生的近期状态，充分、深入地了解。三是对学生党员、学生干部等进行培训，积极地协助老师管理网络的监控，可以成立专门的网络技术小组，为校方提供技术支持，对学校的电子海报进行日常更新，对网站进行维护，并在学生群体中做好示范性的作用。

二、大学生思想政治教育趋向生活化发展

（一）凸显教学内容的生活性

教学内容包含教育者传递的理论知识和教育思想，如何更好地让学生理解理论知识并接受教育，选取贴近生活、融入学生生活经历的教育素材至关重要。

第一，选取具有生活性的教育素材。生活是具体的，不是抽象的，也不是悬挂在空中触不可及的。思想政治教育是做人的教育，必须选取生活中真实的、客观的、可靠的教育素材，虚假的、不合时宜的素材只能取得适得其反的效果。因此，教育者在选择教育素材时应做到"因事而化"，即要与学生生活中发生的大

事、小事相联系;"因时而进",即要与生活"现时"相呼应,教育素材应与时俱进,反映时代发展特色;现代生活发展趋势,选择富有时代内涵的教育素材。教育者在生活中要有一双发现教育素材的"慧眼",善于发现生活中不断发生的"大事"和"小事",在教育过程中要精心挑选与教学内容或学生生活相关的热点事件、生活故事,找准切入点,注重与教学内容的契合性,以及对学生教育的针对性,将故事与理论相融合进行教学。教育者在教育过程中,要设置与生活相关的议题,创设与生活相关的情境,注意话语的趣味性、亲和力及学生的接受程度,运用生活中众所周知、耳熟能详、贴近学生的话语对教学内容进行阐释,提高教学的艺术性、趣味性,使学生倍感亲切,从而深化认知,转化行为。

第二,在教学中融入学生生活经历。对于大学生来说,谁讲不重要,更重要的是讲什么。所以,教育者应多关注学生经历,在教学过程中"投其所好",充分调动学生学习的积极性,引导学生把生活中遇到的人、事、困惑与喜悦在课堂中进行展示和分享,并结合所讲内容与其困惑和喜悦相结合,解学生之所忧、之所困,那么思想政治教育就可以直抵学生内心最深处,不仅符合学生的"口味",还可以取得良好教育效果。学生有多年的生活和学习经历,在头脑中形成了自己的知识结构,这些已有的认知对于学生学习新知识的影响不言而喻。如果新学习的知识和大脑中已有的知识相近,那么学生的学习速度就会加快,否则,则相反。所以教育者在教学过程中,一定要通过多种途径多方面地了解学生已有的认知、需求和生活经历,在教学过程中融入相应的生活元素,在教授新知识时尽可能多地考虑学生头脑中已有的认知,利用学生头脑中已有的认知同化新知识,使学生更好地学会新知识并在生活中运用新知识。

(二)教学方式要融入现实生活

1. 合理使用生活化教学方式

新时代大学生思想变化是多样的,传统的育人方式难以吸引学生的注意力、调动学生的"胃口",必须采取富有吸引力和针对性的育人方式来改善学生的思想。情境育人法和心理咨询育人是高校创新思想政治教育教学方式且富有成效的重要方法。

第一,注重运用情境教学法。知识不能脱离情境而单独存在,情境教学就是教育者在教育过程中采取情境再现的方式,将生活中发生的与教学内容相关的场景,通过多媒体或学生表演的形式再现出来。也可以将具有教育意义的故事"搬"进课堂,这样对学生的教育是直接的,但是无论采取什么样的形式,其目的就是让学生在感受真实生活世界的过程中，以一种"独特"的且学生非常熟悉的方式来"反观"生活，引发学生的思考，提高育人效果。第二，注重运用心理咨询法育人。现如今大学生的就业等各种压力纷至沓来，对学生的影响可能不仅只是思想上的，心理上的障碍也是有可能产生的，所以我们应"双管齐下"，教育者可"另辟蹊径"帮助学生理性看待自己，辅助学生解决思想上的问题，促进其全面发展。

2. 重视社会实践育人方式

学生的发展是全面的发展，仅仅在课堂中对学生进行教育，满足不了新时代大学生全面发展的需要，而且也难以满足新时代对大学生提出的新要求。实践是理论之源，一些知识和理论需要学生去亲身体验，以获得真正意义上的理解，并指导自身实践，这就要求教育者应注重社会实践的育人性。

第一，注重社会实践的育人性，改变传统课堂"孤岛"式教学。从纵向来看，社会是学生最终的"归宿"，从人生的发展阶段来说，学生的学校生活仅仅是人生的一个阶段，然而人并不是只有在学生时期需要教育，人生的不同阶段都需要教育，而且其内容由于成长阶段不同而不同，对人的教育是一个终身的过程，那么这个教育的课堂就是社会这所大的学校；从横向来看，对学生的思想教育不能只在校园内进行，也要在校园之外开展，所以转变教育方式，引导学生进行社会实践是非常必要的。

第二，注重社会实践的育人性，改变传统"知识性"教学。学生的发展是整体的、全面的发展，学生全面发展的前提是掌握一定的知识，除书本知识外，生活实践中体验感悟到的知识同样也是学生全面发展不可或缺的一部分，且通过实践获得的知识更具"实战性"。如果回想人类最初的思想道德教育，毫无疑问都是在生活、生产中开展的。学生思想的改变需要一个过程，不是45分钟就可以实现的，而且这个改变需要课上课下协同进行。教材中学到的关于道德教育的知识，是普遍且具有共通性的，而社会生活中有些道德教育知识是"搬"不到教材中去的，是教育者说出来，但是学生不一定能够真正深刻领悟到的，学生必须亲身体验才能体会、感悟出来。因此，教育者必须创新教学方式，引导学生在生活中进行实践、体验、感悟，使学生"游离"在"科学世界"和"生活世界"中，做一个全面发展的人。

（三）学校管理方式要贴近现实生活

学校对大学生和高校教师的考评方式和考核标准对大学生和高校教师的导向作用是巨大的，直接影响着大学生和高校教师工作和学习的"着力点"，所以学校必须从大学生和高校教师的现实生活和实际需求出发，来完善对大学生和高校教师的考核评价机制，为大学生和高校教师提供有针对性的工作和学习导向。除此之外，与学生每天相伴的校园环境，发挥着对学生隐性教育的作用，因此学校必须重视校园环境的育人作用，发挥其隐性育人功能。

1. 改进对大学生和高校教师的考核评价机制

学生是活生生的个体，对学生的考评应改变传统的、单一的以"分数论英雄"的考评方式，倡导多样化考评方式和标准，对教育者应调整和完善教师考核方案，形成多层次、多样化的考核体系，找到二者之间的平衡点。

第一，优化对学生的考评方式，倡导多样化考评标准。对学生考核评价应采取多样化的方式，从而对学生有一个全面的、全方位的了解，同时也可以改善学生对分数的过分追求。

当前学生的考核评价仍以考试为主，如果一时难以改变这种评价方式，我们可以转变思想，更新理念改变考试内容，围绕学生的实际生活设置适当的题目，例如多出现生活中的案例，使育人和考试"相向而行"，实现考试和育人"两不误"。要注重对学生的过程性考核，关注过程性"动态"考核方式，引导学生参加志愿者等社会性公益性活动，在此过程中观察其思想和行为的变化情况，通过观察考核学生的实践和合作能力等。实现评价主体多元化，对学生的考评只是通过考试和社会实践等评价，且考评者仅是教育者，这是单方面的，难以做到对学生的全面考评，我们可以探索除考试和实践之外的其他考评方式，例如同学同伴群体之间互评，他们之间每天朝夕相处，互相"知根知底"，对彼此在生活中的表现了如指掌。同时，可以在教育者的引导下进行自我评价，虽然这种评价可能会出现"虚假"情况，但是学生在经过"扪心自问"这个"痛苦"的过程之后，对学生的思想定会有所冲击。总之，无论采取哪种评价方式，一定要形成考评合力，并且要健全考评结果的反馈机制、总结考评经验，从而制定更加有效的考评方案，更好地发挥考核标准的导向作用。

第二，调整教师考核评价导向。教师的考核内容决定着教育者将主要精力用在哪些方面，为此将生活教育理念作为培训的重要内容和主要方面，引导教师在教学方式和教学内容方面下功夫，在考评时注重对大学生和高校教师教育理念、教学方式和教学内容生活化方面的考评。同时，将是否关注学生的思想状况，是否选取"接地气"的教育素材，是否制定贴近学生实际的教学目标等作为考核内容，发挥学生评价的反馈作用。

2. 注重发挥学校环境的隐性育人功能

学校必须重视校园环境的育人作用，物质环境和文化环境同等重要。第一，注重校园物质环境的育人性。校园物质环境是"有形"的，学生可以看得见摸得着。除了注重校园建筑等"大型"环境的育人性，还应关注校园"小型"环境的育人性，诸如在食堂、水龙头、图书馆等张贴相关育人标语，这些看似"不起眼"的标语，对学生思想的影响却是无声的。图书馆是学生学习的"主阵地"，教学楼是传授知识的主要场所，可以在图书馆和教学楼等主要场所摆设一些雕塑、名人画像等具有文化底蕴的物件，赋予没有生命的建筑"生命"和"灵性"，这样可以对学生的教育达到事半功倍的效果。除此之外，食堂、宿舍和图书馆等的工作人员"时刻"陪伴在学生的校园生活中，他们的言行或多或少地会影响到学生的思想，如果他们既素质高又能够尽心尽力做好本职工作，那么学生感受之后对自身思想的影响可想而知。所以，学校对他们应做到定期培训，以提高他们的整体素质，发挥服务育人作用。

三、大学生思想政治教育的内容创新

（一）更为注重精神培育

不少思想政治教育者由于任务繁重有时会忽略自身的这个重要身份，将自己与一名普通的教师等同，所以重要性的培育必须纳入政治工作中，并且要时时提、时刻抓。

从目前的国内外形势看，虽处和平年代，但战争离我们并不遥远。在2020年年初的新冠肺炎疫情暴发时，第一批奔赴武汉疫区的是由三所军医大学组成的高等院校医疗人员，他们投身到了这场没有硝烟的特殊战斗中。思想政治教育工作可以利用这些资源积极对学生的精神进行引导，积极发挥鼓舞士气的作用。在很多情况下，没有硝烟的战场更为常见，例如疫情防控、抢险救灾、战略制衡等，参与此类非传统战争，人员承受的压力更大、精神更为紧张，精神的教育能有效激发人员动力和内在潜能，为更好地履行职能使命提供精神支持。

精神的培育既需要高校思想政治教育工作者开展相关教育活动，更需要高校思想政治教育工作者以身作则、亲自示范。比如在遇到急难险重的问题，思想政治教育工作者应该第一时间冲上一线，带领学生开展相关工作。这种并肩作战的共情感要比单纯地动员教育更有说服力，高校思想政治教育工作者也能以另外一种形态出现，更加接地气。

（二）强化法治理念

开展法治教育、提升法治观念，懂法用法，对于高等院校的学生尤为重要。从目前的情况看，法治教育并不被大家所重视，在对 50 名教师就教育内容的调查问卷中，只有 3 名选择了廉政法治教育。在与部分人员交谈的过程中发现，大家普遍认为法治教育应该是领导干部的事情，学生既不管钱、也不管物，又没有权利，想犯错都难。这样的观念明显缩小了法治的范畴，无形中已将学生置于法治管辖之外，忽视了法治教育的重要性。高等院校思想政治教育工作如何与法治相结合、如何让法律贴近学生的日常，赋予枯燥的法律条文以生命力，应该从以下三方面给予加强。

一要教育所属人员尊法懂法。将"尊法"提到首位，就是要树立对法治的普遍尊重和信仰。高等院校有其特殊的职能使命，社会为了提升学生的荣誉感，会提供一些相对便利的福利和待遇，比如设置奖学金、旅游景点学生免门票等，学生在享受这些福利待遇的同时，不能将福利视为特权，更不能逾越法律的底线，在尊重法律的基础上，更要懂法，要时常学法，知道法律的底线和红线在哪里，用法律来约束自己的一言一行。对于高等院校思想政治教育工作者，要将广大学生生活工作中经常涉及的法律纳入法治教育体系中，并按要求开展法治教育，提高本校学生的法治观念。

二要创新法治教育内容。高等院校思政教育工作者不是法律工作者，从调研的很多单位看，高等院校思政教育工作者自身对法律就一知半解，在将知识传递给受众时，如果不照本宣科，而是自己进行解读的话，可能会产生解读不清甚至解读错误的情况。目前，基层法治教育主要依靠上级下发的各类法律读本，因此在后续教育内容方面，应该引入新的内容，比如专家授课录像、法治案例精讲等。同时很多学生考取了法律从业资格，各高校也可以将这部分人员纳入教育体系中，为大家进行普法教育。在高等院校中，很多教师承担着不少课题项目，在与他们的交谈中发现，对课题项目的管理规定变化大家最有感触。伴随着"依法治国、从严治党"的推进，课题项目的管理规定越来越细化、要求越来越明确，以前不需要审批的事项现在纳入了监管中，以前一天就能审批完的事项现在可能需要一周，以前需要一个部门审批的事项现在可能需要多个部门联合审批。在课题项目管理规定刚开始实行时，很多教师摸不准、吃不透，一项工作反反复复好几次，一个环节来回折腾三四趟，感觉变成了机关人员，大部分精力用在了程序上，反而投入育工作本身的时间和精力减少了。因此，针对这种特殊性的法规条款，应该拿出时间和精力，邀请专门的人员进行解读，同时还要做好人员的心理引导，让大家了解制度的刚性要求是对当事人最好的保护。

三要积极参与法律活动。目前基层普法工作已经有了很大改进，高等院校援助的程序也逐渐正规，所以法治教育除了学习理论外，同样要加入实践的内容。通过实践活动增强学生知法、守法、用法的意识。高等院校教师要在其中起到沟通和协调的作用，比如积极组织学生参与全国法制宣传日、法律进学校等活动，鼓励有需要的人员参与法律援助，多渠道给予帮助支持。

（三）重视心理健康教育

对于高等院校的学生来说，心理健康教育也显得尤为迫切。笔者在前期对30名不同学历的思政课教师做的问卷调查中，选择开展心理健康教育的占比很高，说明学生对此的需求很高。心理问题往往比较隐蔽，而且涉及自身隐私，很少有人愿意主动倾诉或者交流，所以一旦显露出症状或被发现时往往就已经较为严重。学生心理问题解决不好，除了个人痛苦外，还会影响到整个学校的安全稳定，所以，对于心理健康教育，我们应该从以下四个方面给予关注。

一要针对不同类型人员定制教育内容。对于学历层次较高的高等院校学生而言，每个人都有强烈的自我意识和自我认知，开展心理健康教育除了常规的心理常识理论、缓解压力教育外，更应该"一人一策"开展定制化教育，针对不同人员的不同性格特点，预防性开展谈心工作。例如教师可以开展的"情绪卡"管理，相关教育人员将所属学生按照性格特点差异，用不同的颜色做标识；性格开朗活泼的学生用黄色表示，性格内向的学生用绿色表示，意志低沉、情绪不佳的学生用蓝色表示，爱冲动的学生用红色表示，已经出现轻微抑郁迹象的学生用灰色表示……每一名学生都有自己专属的心理卡片和心理档案，并且可以动态调整。比如对待黄色性格的学生，定期关注有无较为反常的心理变化即可；对于绿色性格的学生，定期开展谈心交流，并且有意识地让他们参与一些团体活动，尽量多开展交流；对于蓝色性格的学生，要经常性地给予关注，有必要时应安排心理骨干给予"一对一"的帮助，多安排一些工作，充实其内心，尽快让其走出心理不适区；对于红色性格的学生，要经常性地提醒其冷静再冷静，给予其心理暗示，遇到不如意的事情要克制，别让情绪发泄出来；对于灰色性格的学生，要重点关注，除了强烈的心理干预外，可以请专业人士给予指导帮助。

二要针对不同工作场景定制教育内容。以某高等院校为例，临近毕业的学生需要参加一定的就业实践，需要长期在外，出差、代职、培训也较多，所以对于这些在不同工作场景面临不同心理压力的学生，应该有不同的心理教育方案。尤其是在外参加就业实践的时候，面临的心理问题主要有：新的工作无所适从、出现问题觉得能力不够压力大，每天工作重复、简单、觉得没劲，长期在外感觉孤独寂寞，协调不好学习和工作的关系，等等，对于这些学生易出现的心理问题，作为思想政治教育管理者要提前做好预案，以便能够沉着应对。

三要着力培养学生健全的自我意识。在对学生的访谈过程中，有两个案例让笔者印象很深刻。小张是一名学习勤奋也很踏实的人，在班级中属于中坚力量，但是迟迟解决不了竞选的问题。在2019年本来信心满满的他却再一次落选，表面上看他还一如既往，没有异样。但在谈心过程中，他透露，刚知道结果的那一段时间天天晚上睡不着，委屈、气愤情绪很重，对工作和生活的意义都产生了怀疑。好在后续经过自我调节，加上朋友、家人的疏导才走出了阴霾，渐渐接受了现实。但现在反过来想，如果小张自我调节能力不强，或者被别有用心的人员蛊惑，那么导致的后果则完全不可预知。另一个案例中小李是一个踏实肯干的学生，但确在2019年底出现了一些问题，在与他交谈的过程中了解到，他们班级刚换了一个教师，和他脾气不合，他做什么教师都看不上，常常批评他，他总觉得教师事事针对他，觉得学习没有动力，所以想离开。这两个案例，很深刻地反映出学生自我意识健全的重要性，思想政治教育管理者在开展心理教育时，必须要不断地激发学生自我意识的觉醒，促使他们通过反省解剖自我，使自我认识和评价更符合实际。

四、大学生思想政治教育的方法创新

没有好的方法，再优秀的高等院校思政教育管理者、悟性再好的学生，也不能达到最优的教育效果。经过前期调研和分析，结合目前的高等院校现状，笔者提出以下六种方法创新。

（一）借助现代多元的媒介工具

目前来看，依靠一本书、一个教室开展思想政治工作并不科学。随着时代的发展进步，思想政治工作也应该与时俱进地借助更为现代化的媒介工具来开展，提升趣味性和有效性。

一是借助互联网或校内专网。网络的资源取之不尽，往往利用率不高是因为缺乏有效的筛选手段和整合能力。比如要做一期关于中美贸易战的形势教育，央视或者很多主流媒体都有报道，如何整合成一篇有头有尾、逻辑性强的教案，是需要高等院校思政课教师下真功夫的。在访谈过程中，有人谈到教师经常会用到网络教学，再具体细问，就是打开相关视频让大家看完、签到、照相留证据就行，并没有对教育内容进行引导和深入解读，导致相当一部分人员感觉乏味甚至厌烦。如此看来，"拿来主义"并不可行。

二是借助微信或其他聊天工具。在符合保密要求的前提下。微信可以在不拘泥于形式的情况下让思想政治教育工作者与高等院校学生在轻松、放松的状态下实现点对点谈心、点对面教育。这种方式不仅受众完整，而且还不存在缺课的情况。难点就是对于涉密的教育内容如何处理。微信是一种喜闻乐见的沟通方式，也为领导和下属的沟通起到了很好的桥梁作用。很多时候，教师所需要的相当一部分内容和数据，都是通过微信收集，再开展定性定量分析。

三是走出去、引进来。走出去是指应该多组织一些户外参观见学或团建活动，不仅仅局限于受教育，而应该换一种理念，去交换教育，把本校好的教育理念带出去，同时吸纳别的好的做法。同时，多开展团建活动可以增强学生的凝聚力和向心力。引进来是指要将好的教育资源引入学校，比如邀请专业人员进行理论授课、邀请相关单位共同参与红色教育等相关活动。

（二）以学生为主导针对不同受众设计不同的方案，思想政治教育工作由订餐式像点餐式过渡需要一个适应的过程，由受众主导的教育理念应在考虑教育内容覆盖全面的前提下开展。教育内容在覆盖性上要保证完整，这既是高等院校固有属性的要求，也是国家相关文件对思想政治工作的基本规定，但保证完整性不意味着生搬硬套地将每个教育内容、每个点都覆盖，而应该根据学生的特点，采用"侧重性全面覆盖"的方法进行调节。对于得分较低的教育内容不能完全按照学生的意愿予以否定，相反思想政治教育工作者要更加强调其重要性。比如涉及安全稳定的管理教育，涉及学生世界观、人生观养成的主题教育，往往这些教育说教的成分多，不容易引起学生的兴趣，但绝不能因噎废食，将受众所感兴趣的天天讲、月月讲，而其他则束之高阁、不闻不问，这也是受众为主导的可控工作理念中"控"的含义。

有学者在一些高等院校开展了"侧重型覆盖"思想教育的试点，具体方法是根据前期调研的结果，对部分得分较少的教育内容进行了整合，抽出重点进行学习，在最后一周通过问卷的形式考查大家的掌握情况。通过与未整合时的情况进行比照分析，考查教育效果。经过对比发现，采用"侧重型全面覆盖"的教育内容掌握情况要比全部传达学习掌握程度高20％左右。但"侧重型全面覆盖"的问题在于对思想政治教育工作者提出了较高的要求，对教育重点内容的选取更为关键。

（三）采用交互性的开展方式

交互性是指在思想政治工作开展过程中应更多地加入交流互动的内容，发挥学生在政治工作中的主体能动作用，注意内部挖潜，以焦点辩论、难点辨析、现身说法、新闻评点等为载体，改变以往千篇一律的以读为主的模式。同时，交互的过程并不等同于头脑风暴的过程，要强调闭环的完整性，即在互动中可以对中心思想有一些偏离，但应在思想政治教育工作者的掌控范围内，最主要的是不能让学生带着疑问或错误的观点结束教育。

在高等院校，很多学生经历丰富、见多识广、思想活跃、善于表达，思想政治教育工作者要积极搭建交流互动的平台，变单向灌输为双向互动。在整个调研的过程中，笔者分析交流互动式的教育成果，有四个互动式的交流方式值得推荐：一是"一人一课"的授课方式，某个教师在全年教育中采用了此种方式，每个人都要在室内讲一课，具体的讲授内容不受限制，可以是国学、心理学等，此种互动交流方式形式比较单一，但内容很丰富，而且每一名授课者都能就自己所擅长的领域进行讲授，提前准备，这样的讲课内容很能吸引受众；二是"知识竞赛"的授课方式，某教师借用了"一站到底"的竞赛模式，将政治学习的内容变成一个个小的知识点，让学生们一一对抗，最终选出胜者，此种方式较为新颖，容易抓人眼球，但对参与者要求较高，需要提前准备题库，对考核内容要进行记忆，否则很可能无法形成互动；三是"辩论赛"的授课方式，辩论赛的形式生动有趣，但和"知识竞赛"一样，对参与者的要求较高，需要提前准备的材料很多，而且辩题的选择、选手的临场发挥都是很关键的影响因素，组织不好容易引起冷场。在辩论的过程中，对场上形势的引导也很考验主持人或组织者的能力；四是"体会交流"的形式，这种方式较为常见，操作性强，和思想政治教育贴合度最高，常采用的有座谈式交流和发言式交流两种，对于学生来讲，座谈式的方式更实用、互动效果更好。

在做好交互性的同时，思想政治工作的闭环性也非常重要。往往在一个活动开始前，思想政治教育者要对活动可能产生的效果和风险进行评估；在活动结束后，同样要对活动最终产生的效果进行评价，以便下次改进。在基层调研时，一名教师提到，去年在他组织的一场思想教育座谈会上，一名学生就"教育笔记无用论"谈了自己的看法，他认为抄笔记有一大半是为了应付检查和打发时间，在他刚发言完后还有几名学生随声附和，当时这名教师没有专门准备，所以对这个问题的解答不是特别有理有据，主要是从笔记是学习的重要组成部分等方面进行了答复。在座谈会结束后，他经过思考，又从提高个人理论素养、笔记体现学习力等更为深层次的原因单独与这名年轻学生进行了交流。但是从前期座谈会的效果看，教师并没有完全将教育完全闭环，很多人还是带着"笔记是不是无用？"这样的疑惑离开了教室。

（四）提升评价体系的科学统一性

要将思想政治教育引入个人评价体系中，通过强制性的要求，提升思想政治教育工作的重要性。评价体系建立的基础是评价标准的确立，核心则是评价因子的选择和权重的划分。目前已有部分高等院校做了相关尝试。某高等学校年度量化考评时引入了"政治教育"，并给出了10%的权重，即10分。评价标准分为两部分：一是行为评价，即全年政治意识良好，未发生政治问题得8分，否则不得分；二是思想评价，即全年教育笔记完整，得2分，教育笔记一般，得1分，教育笔记缺失较多，得0分。按照这个评价标准，每人都基本得到了满分。这是因为标准制定得过于宽泛，缺乏可操作性。以教育笔记为例，一般或缺失较多该如何定义？在自我评价的过程中，大家普遍认为自己的教育笔记应该属于完整的。另外，全年政治意识良好未发生政治问题，这个不应该纳入打分项中，应该放入"一票否决"项中。通过这样的评价试行，可以看到将思想政治教育引入个人评价体系中首先应该建立合理的评价标准。笔者在和受访人员交流的过程中也受到启发，认为可以采用以下两种方式引入。

一是考核式引入，在期末评价时，对全学期政治教育内容的重点进行考核，并给出分数。考核的题目应主观和客观相结合，尤其是客观题不应太难，而主观题更应该紧贴实际，分数可以按照权重，转变成年度评价的分数。这种引入方式操作起来简便易行，通过一份试卷就可以完成，但难点在于试卷题目的设置是否能覆盖全面、重点突出，这也是考验思想政治教育工作者自身对教育内容的理解掌握程度，而且不能忽略被评价者对考核产生的逆反心理。二是评价式引入，通过成立评价小组，进行面对面提问，给出评价分数再换算为年终分数。这种引入方式较为公正客观，但问题在于对评价小组成员的选择要客观，而且此种评价方式不适合于人数过多的班级进行，应该在更小的范围内组织实施。

（五）实现多方联动

随着高等院校间的联系越来越密切、高等院校和地方的融合越来越多，"开门办教育"为高等院校思想政治工作提供了新的途径和方向。对于高等院校来说，很多时候一些教师不是专业的政治工作人员，对思想政治工作的理解和把握程度远远不及专业人士，所以应多渠道联动，实现组教施教最佳化、质量效益最大化是高等院校最需要的方法创新。

一要向社会延伸。坚持把眼光投向广阔的社会大舞台，利用社会丰富的教育资源开展学习，对于高等院校来说是较新的一种尝试。尤其是随着这些年各方面融合趋势的不断深入，利用社会资源开展思想政治教育成为思想教育的新手段，比如积极运用地方纪念场馆、重要展览等教育资源，组织学生参观驻地城市发展、国防教育基地，使大家从生动实践中深切感知教育的内涵和要义。以某高等院校为例，据统计其在 2015 年至 2019 年，先后与地方社会单位组织参观见学、学习交流等活动三十余次，极大地拓宽了思想政治工作的开展路径。包括与常规的红色教育基地开展合作，充分利用成熟的红色教育资源，帮助学生感悟科学理论的魅力和实践价值；同时与地方一些对口企业开展合作，借鉴企业的党建文化来推动本单位党建工作再提高；另外利用"七一""八一"等特殊时机，与地方社会资源开展共建活动。

二要向家庭延伸。充分考虑家庭、亲友对学生思想的较大影响，把与家庭沟通联络作为一项制度长期坚持，共同做好学生的思想政治工作。在评功授奖等重要时机适当邀请家属参与，见证光荣时刻、分享收获喜悦，增进学生对学校的归属感和认同感，增强思想政治工作的感染力。有的学校组织召开了一次家属恳谈会，共邀请了 13 名家属参加会议，占到开会总人数的三分之一。会上每个人都讲述了自己和孩子生活的点点滴滴，包括自己对学生家属身份认同的过程。对于高等院校的学生来说，家庭是非常重要的一个环节，做好家庭成员的思想教育，形成比较稳固的家庭关系，是确保各项工作圆满完成的基础。

三要向教师延伸。院校理论水平高，要充分发挥院校专家教授的作用，引导基层解理论之渴、趟教育之路。目前，依托网络和 App 的在线教育模式已经比较成熟，各高等院校的相关教师可以依靠网络模式开展政治教育，更方便、快捷。在线教育资源多数是依托院校整理而成的，其中涉及的思想政治工作种类非常丰富，而心理健康教育、法规法纪教育最受基层学生欢迎。除了使用在线教育课程外，也应适当引入一些面授形式，比如在重大政策宣讲或重要精神传达时，除了时间方面的考量外，面授还可以引入一些交流互动的内容。

四是向领导层延伸。做好挂钩帮带，形成领导层与思想政治教育的"点对点"挂钩、教师与学生"结对子"互促等形式，安排各级领导和教师结合所学、所感、所悟，深入学生中面对面答疑，用自身学习成果带动教育效果不断深入。比如某高等院校每年至少要安排领导对学生进行四次指导，除了参加必要的会议外，还会对主题教育、重大思想问题等方面进行调研，尤其在思想教育方面，在和学生的挂钩帮建中，可以更好地给予帮助和指导，学生反映一致较好。

（六）营造浓厚的思想政治氛围

要想增强思想政治教育工作吸引力、感染力，创建良好的教育环境是非常重要的一个环节。思想政治氛围的营造，既依托于必要的硬件建设，也离不开多样的制度建设。以某高等院校为例，主要通过上墙文化、事务栏、荣誉室（墙）、公共媒体四种方式开展氛围营造工作。

一是上墙文化必不可少。展板、橱窗、宣传条幅等宣传符号是最为常规的氛围营造方式。通过科学的设计编排，与重要教育内容相互呼应，有助于学生掌握教育的重点和精髓。以某高等院校为例，2019年，在其工作场所共布设有两个橱窗展示栏、四个展板展示区，挂设有两个条幅。橱窗展示的是庆祝中华人民共和国成立70周年和年度主题教育的内容。四个展板分别展示的是：学校近五年发展目标、校训、年度工作思路及重要讲话内容。条幅是一些有趣的标语。通过上墙文化，将环境与思想政治工作有机结合起来，用潜移默化的方式开展思想政治教育。

二是及时用好事务公开栏。事务公开栏是公告一个学校各类基层事务的主要场所，也是学生最为关注的场所之一。事务公开栏与上墙文化相比，因其可随时更换的特点，流动性强，更易于展示一些时效性较强的内容。通过对几个高等院校事务公开栏的观察发现，有不少高等院校为党建或思政建设开辟了专门的位置，主要展示心理健康教育学习资料、教育活动计划、与教育相配合的人员承诺书等。

三是利用好荣誉室（墙）。思想政治教育工作需要时间的积淀和实践的考验，需要在一代代学生的薪火相传中锤炼，所以精神的传承对于学生来说有着更为深层次的意义。各高等院校都不同程度地设有荣誉室或荣誉墙，这是高等院校思想政治工作最生动、最接地气的活教材。以某高等学校荣誉墙为例，主要设计的功能模块有学校简介、历史沿革、主要荣誉、未来展望四个部分，充分展现了一个学校的历史脉络、先进典型等内容。在一些重要的时机，组织学生定期参观荣誉室（墙），了解学校文化，可以提升学生对学校的认同感，激发学生和相关工作人员工作的积极性和主动性。

四是凸显公共媒体的宣传作用。利用新闻广播、新社交媒体等方式开展思想政治氛围的营造，包括典型人物事迹宣扬、思想工作开展情况介绍等，采用媒体的方式营造思想政治氛围，传播性好、受众面广，能起到事半功倍的效果。例如有的高等院校制作了四期"人物风采"系列活动，选取了四个主题，分别是"年轻教师骨干系列""学生学校生活""家庭系列""优秀学生系列"，在"我们的天空""学习天地"等媒体公众号上进行了发表，让更多的人了解到学生学习和生活的点滴，为提升学生荣誉感提供了有效途径。在与学生进行交流时，大家普遍认同此类宣传模式，一个学生说道："看到新闻上同学的故事，就好像看到自己一样，感同身受，特别愿意把新闻转出去，让更多的人看到，更好地了解我们。"同时，通过公共媒体进行氛围营造时要特别注意保密隐私的问题，防止发生侵犯隐私的事情。

第三节 互联网时代大学生思想政治教育体系的构建

一、构建大学生思政教育课程体系

（一）课程体系内涵

课程是普通高等院校教育教学活动的载体，是实现教育目标的基本途径，是为有目的地学习而设计的内容。从制定主体角度可以分为国家课程、地方课程和校本课程三大类；从内容角度来说，有理论型和技能型课程，也有单一课程和综合课程，还有人文课程和科学课程等；从层次构成角度可以分为公共基础类和专业基础类及专业课程等。与之相对应的课程体系如果从"体系"的角度直观理解，那么可以认为是课程的系统化存在，对应每一个专业，就是所在专业对教什么进行的整体性安排。但事实上，教育学界对课程体系的认识相对多元且复杂。教育学界相对具有代表性的定义，是将课程体系和课程结构等而视之，时而混用，认为课程体系也是课程结构。明确和建构完善、科学的课程体系是人才培养的前提条件之一，如果有所缺损，就会导致棋失先手。

（二）课程体系构建原则

1. 以学生为中心的原则

任何一个专业在设置初衷上都要围绕学生进行建设，培养方案也不例外，如果培养方案无视学生核心素养的发展完善，那么就是失败的培养方案。

2. 坚持实事求是的原则

由于课程体系是一套复杂的系统，因此培养方案必须坚持实事求是的原则，否则就会损害学生或者教师的利益。比如思政理论教育专业的课程体系先后经过了多次修订，修订的缘由不是凭空出现的，而是顺应社会发展和时代需要。

3. 尊重专业发展规律的原则

虽然课程体系中培养方案会随着社会和时代变化有所调整，但事实上，作为核心的规定性要素务必坚持，做到守正创新。思想政治理论课进行教学时，培养方案中可以添加时代发展需要的内容，也可以根据学院学科教师实际，增减一些课程。但事实上无论怎样，该专业的核心类课程不能变，如果变了，专业名称也就变了，培养方向也就变了，这显然有悖于专业开设的初衷。为此，尊重专业发展规律，守住专业的专业性，使其成为有别于其他专业的专业，显然需要在培养方案上坚持应该坚持的、尊重应该尊重的。

（三）课程体系的构成及作用

普通高等院校课程体系由目标要素、内容要素和过程要素三大部分构成，其作用也就此被决定。综合来看，课程体系首先在人才培养方面具有指向性作用。诚如其内涵的目标要素，课程体系关于人才培养目标的设定，内在确定了培养方向，是各个专业显示区分度的首要标志。以化学教育和化学工程两个专业为例，在人才培养定位上，化学教育侧重大学或者中学师资力量培养，化学工程则侧重化工类人才队伍的培养，所以两者的课程体系在培养目标上的差异，就决定了培养方向的差异。其次，课程体系在人才培养方面具有规定性作用。规定性是由指向性衍生而来，方向不一致，培养路径、培养方法、培养内容显然就会有所差别，其中内涵的内容要素特别具有决定性，所以我们习惯称呼的专业人才是由不同的培养内容决定的。最后，课程体系在人才培养方面也具有引领性作用。课程体系往往先于教学体系设定，也就是说，某一个专业及其相关人才培养的计划一旦制定，必须先规范课程体系，如果时代变化，而课程体系一成不变，那么就失去了专业人才培养的社会意义，该专业也就走到了被淘汰的边缘。反之，如果课程体系因时而变，顺应社会发展现实，以社会需要作为课程体系优化完善的依据，那么从这个意义上，课程体系就具有引领性作用。

（四）思政教育理论课程体系的优化

思想政治理论课课程体系由各门思想政治理论课程构成的有机系统，主要包括公共必修课课程系列和专业课课程系列。中华人民共和国成立以来，思想政治想政治课课程体系经过了《关于改革学校思想品德和政治理论课程教学的通知》（简称"85"方案）、《关于普通高等学校"两课"课程设置的规定及其实施工作的意见》（简称"98方案"）、《〈中共中央宣传部　教育部关于进一步加强和改进高等学校思想政治理论课的意见〉实施方案》简称（"05方案"）的演进过程。当前我国实行的就是"05方案"。鉴于课程体系的构成复杂性，加上面对的教育对象不同，所以在提高教育教学实效性问题上，需要分而视之，与之相对应。在课程体系构建方面，也需要采取不同的路径，以求得马克思主义理论课程体系构建的最优化。思政课程体系的优化完善可以从以下几点入手。

1. 优化完善教学内容，确保各门课质量双升

虽然各门课程的学时设定有着明确依据，然而各位教师教学风格、教学重点、教学组织等各有差异，因此在有些老师看来，学时不够的情况依然存在。面对这种矛盾，亟需各个学校以教研室为单位，就所带课程进行创新式的集体备课，就教学内容、教学组织、教学质量等问题集中研讨，优化教学内容、计教学路线、交流教学方法，确保各门课程的学习内容不打折，教学效果有保障。

2. 根据实际可以进行课程内部结构的优化组合

当前本科阶段教学中，"毛泽东思想和中国特色社会主义理论体系概论"课程讲授内容多，牵涉面广，教师普遍反映无法面面俱到，因此，专题式教学在各个普通高等院校被普遍应用。专题式教学的好处是内容聚焦，便利教师重新组织课程和教材内容，在聚焦重点难点的基础上，也能尽可能做到内容的全覆盖。

3. 在内容和结构上进一步优化

完善研究生思政理论公共课程，提高研究生思政课教学质量。目前思想政治理论课的改革聚焦和集中于大学生本专科阶段，研究生阶段的改革相对较少，究其缘由，在很多教师看来，研究生阶段的教育教学相对灵活，专题式教学占主要地位，加之错误地认为研究生的学业任务较重，教育培养的重点和本专科生有区别，因此在思想意识和对自己的要求上多少有些松懈。为此，需要纠正并加强研究生阶段的思想政治理论课课程体系建设，在内容和结构上着手，优化完善不足之处，确保研究生群体在知识积累越加厚实的基础上，在学习、生活、工作中不

犯方向性、战略性错误。

4. 保证课程之间的关联性和一致性

"思想政治理论课实践教学"和"形势与政策"课务必是在与理论课有机结合基础上开设的，应确保其与理论课的关联性、一致性、补充性和全面性。当前部分普通高等院校的这两门课程虽有开设，但事实上铸魂育人的效果不是特别明显。究其原因，一方面是部分学校将这两门课程划拨给了团委、学生处的老师及辅导员、班主任队伍，由此难以保证这两门课程与其他几门理论课程在体系上的完整性。另一方面，由于代课教师的学历背景、教学水平、认知能力等千差万别，所以两门课程的主渠道、主阵地作用的发挥成为疑问。因此，在课程体系优化完善方面，亟须改变这一现状和设置上的短板，否则从全局意义上来说，这破坏了国家制定的既有的课程体系，于情于理都是需要思考的一个问题。

二、构建大学生思政教育教学体系

（一）教学体系构建原则

既然教学体系是一个有机组合的运作整体，那么，就教学体系构建而言，务必依据教学体系的特点，在教师队伍、教学场域、教学内容等方面进行相对应的、科学的、符合规律的改革与规范。具体来说，教学体系的构建需要坚持以下几个原则。

1. 依靠教师队伍

从宏观角度审视教师队伍，主要是从较大区域的角度观察区域内思政课教师的实际情况，主要看数量、结构、学历、培养体系、梯队建设、培养机制等问题，这些方面的矛盾处理得好的院校，集成创新的基础和前景就比较光明，这些方面的矛盾处理不好，集成创新的基础和前景就需要发挥创造性，努力加以有效解决。

从中观角度审视教师队伍，主要是从一个学校的角度观察学校思政课教师的实际情况，除了看数量、结构之外，也要看本校的培养体系、梯队建设、培养机制等，特别要观察学校范围内思政课教师的成长发展问题，创造出一个"留得住、愿意干、争着干"的环境和氛围，为思政课教师队伍的稳定发展创造出良好的发展空间。

从微观角度审视教师队伍，主要看每一个体的学历背景及发展特点和个人实际。要对教师进行区别化培养、精准式推进，要把教师个体的实际和他所担负的任务有机统筹，在最大化各自优势的基础上进行集成创新。只有把教学和科研方面的某一类难题交给最适合创新的团队或个体，才能实现人才队伍资源开发创造的最大化。

2. 依据教材和学情

依据教材和学情进行集成创新的目的在于保证创新的方向和步骤，脱离教材进行任何形式的创新，思政课就有可能变成"鸡汤课"，也会大概率脱离思政教育理论课的本质。就"中国近现代史纲要"而言，如果脱离教材进行创新，那么就可能把这门课程当历史课来讲，而忘记了这门课程的本质和核心任务，毕竟这门课不是历史课，而是政治课，是让学生理解"四个选择"等中国近现代历史上几个事关国运的重大问题的一门课程。对"思想道德与法治"课程而言，如果脱离教材，大概率会变成"鸡汤课"，所谓"鸡汤课"就是没有营养价值的课。为此，必须依据教材进行集成创新，同时也要依据学情进行创新。学情是教学创新改革能否正常开展的前提，无视学情创新，大概率事倍功半，出力不讨好，见不到实效，浪费各类资源。比如对于理工科学生和文科学生，不能适用统一的教学模式和教学方法，无论是资源配置还是讲授方式，以及任务安排都要体现出学情的实际，否则，所谓的集成创新距离初始目标就会越拉越远。

3. 依据教学反馈

依据教学反馈进行集成创新是一个及时互动、不断调适，争取让教学不断得到进步的过程。所以，教学反馈要确保及时性和长效性，即一方面在较短区间内讲究及时反馈，一方面在较长区间内讲究跟踪反馈。也要确保科学性和合理性，要在尊重思政教育教学的基础上进行评价和反馈，反对"一刀切"的评价反馈，反对不顾及实际学科特点的评价反馈。教学反馈也要注意全面性和综合性，确保教学反馈不是单独地片面地评价，要确保学生主体地位，要将专家意见和学生意见及其他听课老师的意见综合全面、实事求是地反映出来，否则也会给教师本人带来不必要的浪费和偏差性引导。

(二) 培养教师队伍

术业精专是当好思政课教师的第一条件，但不是唯一条件，因为无论是思政教育教学工作，还是更大范围的思政教育工作，都因为其阶级性、整体性、人民性等特点而要求思政课教师队伍必须厚植培育家国情怀。没有家国情怀，做不好思政课教师。为此，要在习近平总书记关于"四有"好老师的基础上，更进一步严格要求自己，在培训培育问题上，将"六要"严标准作为自己成长的方向，一定要与祖国同呼吸共命运，与学生心连心，与人民同进退，做"政治要强"的好教师，坚定信仰、站稳政治立场，保持清醒的政治头脑；做"情怀要深"的好教师，心系家国、关注民生，向人民群众学习，践行以人民为中心的思想；做"思维要新"的好教师，坚定理想信念，创新教学方式方法，坚持马克思主义认识论和方法论；做"视野要广"的好教师，不断拓宽自己的知识视野、国际视野和历史视野，做理论上的明白人、实践中的引路人；做"自律要严"的好教师，知行合一、秉持正义，敢于亮剑、传播美好；做"人格要正"的好教师，用高尚的人格魅力和真理的力量，做好凝聚学生、感染学生和团结学生的工作。

（三）构建教学场域

"场域"概念来源于法国社会学家皮埃尔·布迪厄（Pierre Bourdieu），指的就是那种相对自主的空间，那种具有自身法则的小世界。教学场域作为一个微观环境，其组成者主要包括教师和学生两部分，在此场域中，教师和学生之间，以及学生和学生之间的关系互动及质量决定了教学实效性的高低。若想实现更加令人期待的实效性，则需要就师生之间和学生之间的关系进行集成创新，建构和谐共进的教学场域，促进思政教育教学能够不断满足师生和社会多方面的期待。

1. 教学场域要公平正义

面对学生之间存在相互竞争的现实，思政课教师务必建立公平正义的教学场域，以公平正义凝聚学生和号召学生。自古以来，中国人对社会的认知有一个最基本的法则，那就是"不患寡而患不均"（《论语·季氏篇》），中国人对公平正义的追求是刻在骨子里的。对于学生而言，在本就存在差异性的竞争条件下，一位老师如果做不到公平正义，那么学生就会出现心理排斥。目前来说，威胁公平正义的主要表现为以下两方面。

①个别教师价值观不正确，以金钱、地位等作为衡量人生价值的标准，在教学和生活中，自觉不自觉表现出拜金主义，学生发觉或者意识到这个情况之后，就会对教师的形象大跌眼镜，上课时候对这个老师教授的所有都不以为然了。

②个别教师在评价环节优亲厚友，对"关系户"学生格外照顾，如果这个学生本身足够优秀，可能也没有学生提出异议，但如果他没有取得令人信服的成绩，则会在更大范围内影响学生对社会的判断。

上述两种情况，看似是小事，实则在学生心目中是大事，直接决定着师生关系和学生间关系的和谐，继而导致学生对教学和上课产生排斥心理，没有任何乐趣可言。当这种认知传染开来，无论当事教师如何有才，也会再具有号召力、凝聚力和吸引力了。

2. 教学场域要科学高效

科学高效的教学场域能够确保学生学有所得、确保教师教有所获，师生双方同时得到价值实现。为此，科学高效的场域构建务必做好以下几个方面的工作。一是教材体系到教学体系的成功转化，这种转化的成功能够避免照本宣科、避免全堂灌输、避免单一枯燥的讲授，能够将教学重点、难点和教学目标与时代相结合，与学生相结合，、国情相结合，从而使学生身临其境、感同身受，自觉与祖国人民同呼吸共命运，自觉将人生价值的实现与国家人民的富强幸福有机结合在一起；二是尊重学生成长规律和教育教学基本规律，辅之以特殊事情特殊处理，应用科学合理的方法路径为实现思政教育的目的而努力；三是把握思政教育的特征，学会灵活应用思政教育方法，完成思政教育的主要任务。依据学科特点，坚持诸多方法的灵活应用，是建构科学高效教学场域的基本要求。只有如此，才能确保师生得在其中。

3. 教学场域要有危机管控措施

教学场域作为一个密闭狭窄的空间，由于师生之间、学生之间的交流互动而构成一个交往共同体，决定了矛盾的必然性。作为教师，必须做好场域管控，否则会给多方带来不必要的损失。其中突发性危机事件最为考验思政课教师的教学场域管控和创新能力。为此，合理利用场域内突发事件进行积极转化，避免消极共振，能够在"谈笑间"给学生以巨大的心理震撼，从而达到思政教育特别强调的立德树人效果。教育是一种技术，更是一种艺术，教育工作兼具技术性和艺术性。比如学生在课堂玩手机早已司空见惯，很多学校为了杜绝这一现象，采用非常之法，课前收缴集中者有之，不准带入课堂者有之，严厉处罚者亦有之。笔者对此类方法并不认同，也不赞成为了提高抬头率而强制学生不带手机或者收缴手机，而是应对玩手机者进行积极正面引导，帮助他们走到认真自觉，听课的路上。科学高效的教学场域建构能够有效促进师生双方走上良性循环道路。

（四）正确取舍教学内容

思政教育学科的教学内容涉及内容庞杂宏大，自然科学、哲学社会科学多少都有所涉及。比如《大国工匠》纪录片就是一部非常好的思政教育素材，其中内容理工科知识非常普遍。那么，应该如何将这个素材与课堂教学紧密联系，与教学目标有机融合，则考验思政课教师的取舍整合能力。为此，需要做到以下两个方面。

1. 拓宽思政课教师的视野

思政课教师必须拓宽视野，根据习近平总书记要求的那样，做到"视野要广"，上知天文下知地理，左眼观国内，右眼察世界，心中装人民。理工农医方面的知识必须了解一些，利用当前智能手机平台，各类公众号都需要关注一下，特别是科技前沿的问题，人类社会在科学领域取得重大突破的新闻，都要了解一些，如果学生问到了，至少不说外行话，即使掌握得不精确，但也要达到不犯错误、没有胡说的程度。对文学、语言、管理、经济类的知识则尽量达到能够与学生对话的程度。对于哲学、历史、教育学、心理学等与思政教育密切联系的学科，则必须做到精通的程度，否则真就无法应对教学内容越来越丰富、教学要求越来越高的现实了。

2. 教学内容去粗取精

如前所述，思政教育教学的内容面广量大，在有限的教学时间之中，难以完成所有教学内容，为此需要去粗取精，将教材体系转化为教学体系。其中涉及内容取舍的问题，则要注意以下几个方面：第一是取舍原则，重点内容坚决讲深、讲透，与核心目标具有较高支持度和关联度的内容不能丢弃；第二，取舍不是简单的减法，而是综合应用之法，即将教材中的内容根据授课习惯和厘定的逻辑，重新进行排列组合，该粗则粗讲，该细则细讲，不能随心所欲丢掉和舍弃，注重最大化利用其中的素材，注意各部分内容的衔接；第三，要在有限的教学时间内完成规定的教学内容，不能只讲一半或重点讲某一部分。受制于教育背景和教学能力，思政课教师对教学内容一定要在原则指导下灵活处理，对于自己不熟悉的领域要督促学习，该补课的地方要补课，坚持活到老学到老，杜绝一本教案用到底，一个案例一辈子。需要根据变化了的教材和时代、变化了学情和矛盾，有针对性地学习、扩大知识面地学习，加强知识储备的宽度和深度，真正做到"学高为师""行为世范"。

（五）综合运用教学方法

1. 选择合理的教学方法

选取教学方法的原则一是根据教学内容选择教学方法，有些内容适合感染教育的方法，比如理想信念的问题，如果将先进人物和榜样的光辉事迹采用多种艺术化的表达方式，那么就会更容易感染人。每年岁末年初的《感动中国》栏目就是一种很好的实践。当然，限于时间、地点和条件，有些内容无法充分展示，也可以结合其他方法进行教学。二是根据教育对象选择教学方法。本专科学生学情不一样,理工科学生和文科类学生的学情也不一致,西部地区学生和东部地区学生的学情亦有差异,根据教学对象不一致,在讲授过程中,既需要全面观照特殊性,也要保证一般性。三是根据具体目标任务和内容的不同选择教学方法,做到灵活应用和综合使用有效的教学方法,尽量不采用"一刀切"的简单化的教学方法,该使用比较教育法的时候用比较教育法,该使用激励教育法的时候使用激励教育法,要根据时代要求和学生期待使用合宜的教育教学方法。

2. 提高教师的信息化能力

当前部分思政课教师在网络信息时代,信息收集处理和判断应用能力较弱、意愿不强,很难适应学生走到哪里,思政教育就要跟进到哪里的时代要求。拿网络思政教育理念和方法而言,部分老师虽然知道学生都在网络空间,但事实上迫于自己没有信息跟进和观点表达能力,也就无从做到引导和教育。如此一来,小课堂的教育教学成效就难以体现,毕竟不是每个学生都能在一节课之内就能消化和吸收,何况思政教育还是一种润物无声的集合理论与实践案例知行合一的教育。为此,思政课教师需要不断提高信息交流的素养和能力,以便于在课下课外吸收最新的理论成果,与时代同节拍、与学生同视角,将小课堂与大社会有机联系起来,促进课堂教学生命力不断获得延伸和成长。

(六)考核反馈教学效果

做好教学效果的考核反馈是促进思政课教学实效性的必然举措。科学合理的考核反馈能够起到导向作用、鉴定作用、激励作用、选拔作用和咨询作用。不科学、违背规律的考核反馈既不利于教师成长,也不利于学科发展,更会损害课堂教学,出现多输的局面。为此,做到科学合理的考核反馈,既是做好集成创新的前提条件,也是集成创新的题中应有之义。

1. 注重学生评价

教学是师生双方互动的,集合知识性、传承性、创造性等于一体的实践互动,因此对于教师教学活动的评价,必须确立以学生为核心,在考核权重方面予以倾斜。当前有些学校对教师的教学评价非常注重专家考核,专家听课的权重明显高于学生的评价权重(此种做法的错误在于忘记了学生是教学实践过程中的利益相关者,每个学生都是一个独立的人,教学的良知和公正,必然会存在于社会的公众之中和悠长的历史之中,没有哪位学生会对不负责任的教师产生好感的,因为不负责任的教师损害了他们的利益)。在专家考核反馈中,对教学过程性指标权重予以细化和重视,强制要求教师对整个教学过程进行留痕操作,教师疲于应付这些书面材料，有些教师甚至不得不造假应付。反之，学生的评价考核只有印象分（总体分），没有专项评价分，权重很低。这种考核无视了教学主体的感受，既做不到对教师的尊重，也做不到对学生的尊重，有违教学规律，过于强调第三方的所谓客观评价，无疑是不科学也是不合理的。

2. 尊重思政课的特殊性

当前部分学校对思政课教学的考核评价采取"一刀切"考核反馈，也就是无视思政教育学科的特殊性，将其与知识性学习为主的专业课程拉在一起考核评定。这种考核无疑是不科学的，也矮化了思政教育学科的社会价值和存在意义。"一刀切"的主要做法是考核指标及权重的一致性，当前思政理论公共课统一采用"马工程"通用教材，但事实上在考核专家的打分表上，被考核对象的这一项分数各不一致，让人啼笑皆非。考核专家组成也在部分学校存在"一刀切"的现象，文理科专家混编成组，这种"一刀切"对任何一门学科都是不公平的。为此，如果要做到集成创新，必须在考核反馈环节做到特殊性和一般性的有机结合，不能仅仅从一般性出发，不考虑思政教育学科的特殊性。针对考核反馈，教务处、学生处、马克思主义学院等要协同配合，将考核力量最大化，组成专业考核团队，与学生一起进行考核反馈，抓常态化、抓制度化、抓根本、抓立场，而不仅仅是一些细枝末节的督查。在考核指标和权重问题上，从课堂出发，以学生为主，围绕课堂教学进行考核，如此才能真实反映出一位思政课教师的真实教学水平。

第四章 互联网时代大学生思想政治教育教学探索

本章主要论述互联网时代大学生思想政治教育教学探索，分别从互联网时代大学生思政网络化教学、互联网时代大学生思想政治理论课实践教学、互联网时代大学生思政课程创新优化这三方面展开论述。

第一节 互联网时代大学生思政网络化教学

一、大学生思想政治网络化教学的意义

（一）丰富教学资源

过去在高校思政课教学中，教材是课程的主要教学内容，教师根据教材展开课堂教学，或结合教师个人知识储备扩展教学，都使得教学内容局限于教材与原定课程内容。长期在这种教学方式下展开教学活动，学生的学习兴趣将逐渐减弱，思政课程学习成为硬性的教材内容与教师讲授相关历史故事的课程模式。而在网络辅助教学模式下，思政课程的教学资源较为丰富，教学课程中，能够结合更多教材之外的知识，丰富课堂教学内容。举个例子，在思政课教学中，多可以结合法律、政治、经济、文化等展开扩展教学，此时借助网络信息资源，将多种需求信息结合，极大地丰富了课堂教学。另外，在课外还能够以学生为主导，收集更多与课程教学相关的知识与信息，这对于丰富课程教学形式、提高学生学习兴趣具有较好作用。

（二）激发大学生的探索精神和学习兴趣

大学生思想政治教学，是学生意识形态层面的教学，因此教学课程不能够仅仅局限于现有的教材知识与教师传播的理念、意识中。在网络辅助教学模式

下，大学生思政课教学能够创新教学方法，以学生、教师个体展开探索性教学与学习，教师可以通过网络收集更多教学资源与信息，探索新的课题方向，建立更加完善的课程教学框架与流程，或积极引入国内外焦点话题，展开思政层面的深入解读，丰富学生知识面。学生可以通过网络收集更多课程资源，在课程知识中开展扩展性学习。这对于激发学生与教师的探索性精神皆具有重要意义，能够使高校思政课教学从意识形态转化为个人行为与认知。互联网作为高校思政教学中的辅助工具，为思政教学提供了良好的平台，很好地激发了教师及学生的探索精神。

与传统教学中教师一直主导课堂有所区别，网络教学资源的应用使教师和学生在课堂上的角色发生了一定的变化，如教师由主导者变为引导者、学生由被动接受者变为课堂参与者。由于大学生尚未真正步入社会之中，再加上现今生活条件优越，所以孩子们对于革命先烈或有着高尚情操的爱国志士可以为国捐躯的情感并不能完全理解，在这时可以播放抗击新型冠状病毒、四川凉山消防员救火的相关视频，让学生小组讨论、交流，思考问题，诸如为什么医护人员可以挺身而出奔赴武汉、为什么来自全国各地的医疗队都义无反顾地支援、为什么各地的消防员都在第一时间冲向火海等。这样既可以激发学生的参与意识，又可以加深学生对于爱国主义这一精神内涵的深入理解，从而提高其对思政学科的学习兴趣。

网络教学资源中的各个学科资源，例如优秀教师课件、名师教案及时事政治素材资料等可以帮助教师更好地检视自己教学过程中存在的不足与问题，也为学生补充自己的知识漏洞提供了一个途径。教师在讲授过程中由于教学任务与时间等原因，不可能顾及每一位同学。因此，网络教学资源的使用对于学生来说无疑是查漏补缺的渠道。伴随着网络环境兴起的远程教学、网络直播、录课分享等多种教学模式，也满足了高校思政课教师利用多元化方式进行教学的要求。最后，网络快速发展的同时带来了诸如 QQ、钉钉等及时沟通的软件，使得大学生和高校教师之间的交流与沟通更加便捷。

（三）帮助大学生理解所学知识，辅助高校教学

思想政治学科知识性较强，尤其哲学部分，对于很多同学来讲都比较抽象，有一部分同学对于哲学部分采取死记硬背的方式记忆。在传统教学模式下，教师以"填鸭式""满堂灌"主导着课堂教学，由于课程本身理论性、知识性较强，再加上教师的教学方式使得很多同学觉得思政课堂越来越枯燥。

但近年来，随着网络教学资源的普及与运用，教学形式丰富多样，视频、音

频的运用可以缓解课堂氛围,引发学生对于知识的兴趣。在课堂上可以借助网络教学资源,教师在此可引入网络视频、漫画,以简短、形象的形式来阐释知识点的具体内容。这样一来,学生既可以对于所讲的知识内容有一个直观形象的认识,以此帮助学生加深所学知识的理解,还能使课堂变得生动有趣。

教学辅助功能是对线下教学的补充,其线下教学补充的教学辅助功能主要体现在三个方面。其一,摆脱了教学既定的时间与空间限制。网络教学具有明显的超时空属性,其教学组织实施更灵活、课堂弹性更大,其中教学视频支持回放、资料信息支持自由检索,大学生可以自主选择学习内容、控制学习进度,使碎片化学习落到实处,取得实效。其二,强化了课堂的互动交流。思政课网络教学具有开放性,交互特征明显,课堂教学不再是简单的知识灌输,也基于全方位的互动,优化高校学生学习体验。在信息平台的支持下,避免了教师与大学生面对面交流的紧张与尴尬,大学生与教师实现了平等的对话与交流,师生之间沟通愉快,大学生可以及时获得教师的点拨指导,教师也能获得真实的教学反馈。其三,带来了教学内容与方法的丰富,让大学生思政学习视野更广阔,让思政课堂容量更大。使信息不再闭塞,信息资源即时共享,教学内容更丰富,思政教学的时代特征更鲜明,更能激发大学生的思政学习热情。而网络教学走出了纸笔、黑板的教学局限,内容传输上实现了图文并茂与音视频融合,探究式、体验式、互动式、合作型、任务驱动式等满足大学生多元化的学习诉求,也提升了思政教育实效。

二、大学生思想政治网络教学的功能定位

(一)政治导向功能

政治导向功能重点是确保网络空间意识形态的安全与稳定。思想政治教育的本质是意识形态、价值观的引导,政治性与学理性的统一是其开展的基本导向,又决定着其教学必须承担起网络空间意识形态安全维护的职责,因此政治导向功能是其首要的功能定位。高校思政网络教学要确保意识形态的引领地位,占据信息舆论的制高点,实现正向价值思想的主流宣传,让马克思主义思想在网络世界里渗透,让高校学生保持良好的网络自律。具体来说,要积极宣传当前社会主义核心价值观和主流意识,让网络课堂扮演主流舆论引导主阵地的角色。基于中国特色社会主义理论体系和社会主义核心价值观,弘扬传统文化、传播科学知识、奏响网络世界的主旋律,让主流意识形态以积极的姿态带动高校学生的思想认可与自觉践行。思政网络教学要发挥意识形态安全教育主渠道的价值,基于立德树

人的时代背景，确保思政网络教学以主题突出的安全教育强化高校学生爱国精神培育，让高校学生自觉维护国家安全，加强高校学生对国家意识形态安全的危机意识。思政网络课堂也要承担起意识形态斗争主战场的责任。面对多元化的文化、思维、信仰等的冲突，必须加强对舆论走向的引导，坚持理性发声，提升高校学生对错误思潮文化的抵御能力，使高校学生在主流意识的权威影响下，作出正确的价值判断和选择。

（二）教学辅助功能

高校思政网络教学在政治导向功能之外，也有教学辅助功能，这是其作为高校学科的本质功能。教学辅助功能是对线下教学的补充，主要体现在三个方面。其一，摆脱教学既定的时间与空间限制。网络教学具有明显的超时空属性，其教学组织实施更灵活、课堂弹性更大，其中教学视频支持回放，资料信息支持自由检索，高校学生可以自主选择学习内容，控制学习进度，使高校学生碎片化学习落到实处，取得实效。其二，强化了课堂的互动交流。思政课网络教学具有开放属性，交互特征明显，课堂教学不再是简单的知识灌输，也基于全方位的互动，优化高校学生学习体验。在信息平台的支持下，避免了教师与高校学生面对面交流的紧张与尴尬，高校学生与教师实现了平等的对话与交流，高校大学生和高校教师之间沟通愉快，高校学生可以及时获得教师的点拨指导，教师也能获得真实的教学反馈。其三，丰富了教学内容与方法，让高校学生思政学习视野更广阔，让思政课堂容量更大。信息不再闭塞，信息资源及时共享、教学内容更丰富、思政教学的时代特征更鲜明，更能激发高校学生思政学习热情。而网络教学走出了纸笔、黑板的教学局限，内容传输上实现了图文并茂与音、视频融合，探究式、体验式、互动式、合作型、任务驱动式等满足高校学生多元化的学习诉求，也提升思政教育实效。

（三）社会服务功能

社会服务功能是将思政教育置身于教育的大环境中，思考网络教学所带来的社会教育收益。其主要是推进优质教学资源的共建共享，使得思政教育的社会服务功能落地。当前高校思政网络教学的社会服务功能具体体现在三个方面。其一，以信息资源的流通缓解当前教育资源分配不均产生的教育压力。思政网络教学在互联网的支持下，跨越了空间鸿沟，采用远程教育模式，大规模地开放精品课程等，实现了更广范围内的传播，创建了教育资源共建共享的新局面。其二，以思政教学的协同创新带来理想的教学预期。当前教育环境复杂多变、教育对象界限模糊、教育资源零散分布，协同创新教学成为必然。网络教学则是思政课程协同创新教学的成功实践。如加强校企合作，构建网络教学实践基地。再如搭建校际资源共建共享平台，让思政教育实现了多元化发展，也带动全国乃至全球范围内教育资源的挖掘、育人工作的协同。其三，网络教学对应明显的思政教学社会效益。教学资源的优化整合，共同利用，使得教学资源成本降低、思政教育覆盖面更广，实现了教育基层的延伸，更掀起全民学习与终身学习的热潮，各种网络学习与充电备受推崇，打造学习型社会，推动社会的和谐发展。

第二节　互联网时代大学生思想政治理论课实践教学

一、思政课实践教学的内涵

思政课实践教学，顾名思义就是在思政课理论教学全部完成的前提下，通过各种形式的具体实践途径，让学生进行体验和反思，进到对思政课课堂所学理论知识的消化、吸收，进而内化为学生自己的理念和价值观，外化为学生的具体行为，真正实现学以致用，同时帮助学生培养和树立马克思主义的世界观和方法论，成为优秀的新时代建设者和接班人。思政课实践教学是一个比较笼统的概念，人们一般都倾向于从两个方面来认识，一是狭义的实践教学，二是广义的实践教学。狭义的实践教学主要是指与思政课的理论教学有着明确区别的社会实践教学形式，如田野调查、参与访问等。而广义的实践教学主要是指凡是有助于思政课教学，有助于提升学生思想政治素养与道德品质的，与实践相关的教学方式，都可以被称为思政课的实践教学。

（一）思政课实践教学的含义

思政课实践教学是思政课的一种教学形式，并不拘泥于某一种方式，而是多种不同方式的组合或者说结合。具体来说就是思政课课堂实践、校园实践和社会实践三种实践方式的结合。

思政课堂实践是指在思政课的课堂教学过程中，思政课教师组织学生在课堂上开展诸如小组讨论、主题辩论、演讲、历史情景剧等活动，让学生运用思政课上所学的理论知识对某一个具体问题进行分析，提升学生对生活、对问题的思辨能力和解决问题的能力。

校园实践是指在高等院校校内通过各类社团组织或者与学校各个部门合作,如图书馆、团委等,在校内开展各种类型的校园文化、宿舍文化、班级文化和社团文化建设活动,让学生在学校的集体活动中提升团队意识和协作能力,提高自身的综合素养。

社会实践是指学生利用课余时间或者寒暑假,在校外进行志愿服务、社会调研、义务劳动、岗位见习、参观访问等活动,让学生在社会参与中加深对社会的认识了解和情感体验,激发学生爱祖国、爱家乡的热情,培育和增强学生的社会责任感。

(二)思政课实践教学是一种具体的教学形式

思政课的实践教学不同于学生在大学阶段进行的社会实践和专业实习活动。专业实习是在专业教师的协助和指导之下,大学生深入工作一线进行具体工作,旨在帮助大学生强化专业知识,提升学生职业技能与职业素养。而大学社会实践活动则是高等院校按照人才培养目标对大学生进行有计划、有组织的社会锻炼,主要以暑期社会实践活动、志愿服务活动等为主,旨在提升学生理论联系实际的能力。思政课的实践教学是将思政课的课堂实践、校园实践和社会实践三种实践方式有机结合,旨在将学生在思政课堂上所学的理论知识与具体的社会实践进行结合,进而帮助学生树立正确的世界观、人生观和价值观,从而有效提升学生的思辨能力、创新能力和解决问题的能力。由此可见,专业实习和社会实践都与思政课实践教学有诸多共同之处,但是又有着明显的区别。思政课实践教学是一种具体的教学形式,它服务于思政课的具体教学目标,不是泛化的社会实践或者专业实习。

二、思政课实践教学的基本特征

要想正确构筑思政课实践教学这一育人平台,就必须用它自身的特殊属性将思政课实践教学与其他相似概念区分开来,让我们对它有更加清晰的认识,为发挥其作用打好基础。以下是它的三个基本属性。

(一)实践性

实践性是区别实践教学与理论教学的根本之处,是思政课不再苍白无力的制胜法宝。开展思政课实践教学既可以对理论教学进行延伸和补充,又可以让学生摆脱说教式教学，让深刻、严肃的理论知识活起来。学生以主体地位参与实践教学活动，在活动中可以获得独特的体验，并深化对理论知识的理解，提升理论学习的广度和深度。同时也有助于提高学生运用理论知识的能力，让学生在自我教育中提升自我认知能力和道德素养。

（二）课程性

课程性这一特征是用来区分思政课实践教学与大学生一般社会实践活动的。高校里大学生课程较多、校园生活丰富，有各种各样的社会实践活动，这些活动都可以起到锻炼学生能力、提高学生素质的作用。但并不是所有实践活动都可以称为思政课实践活动。思政课实践教学是隶属于思政课的一种教学方式，有鲜明的思政课程特征。它始终是围绕思政课的教学内容开展的，目的是为了完成思政课立德树人的目标。

（三）社会性

社会性这一特征主要是区别思政课实践教学与理工农医类的专业实习的。理工农医类的专业实习主要是通过各类专业性的实习，增强学生的实践技能，侧重培养学生的专业技能，也就是从做事的角度进行培养，为日后进入社会、从事相关工作打好专业基础。而思政课实践教学是学生实现社会化的重要抓手，它是依托实践教学这一载体从做人的角度进行教学的。学生可以通过思政课实践教学来感受社会，进一步培育学生的社会责任感和使命感，使其能快速融入不断变化的社会。

三、思政课实践教学模式

教学模式是教学思想和教学理论的反映，不同的教育观之下往往会产生不同的教学模式，但是不管何种教学模式都是围绕一个教学目标，那就是帮助作为教学对象的学生的成长与成才。思政课是一门内容丰富繁杂，涉及范围又非常广泛的科目，而且在我国的高等院校教学体系中思政课还不止一门。以高职院校为例，当前我国高职院校的思政课主要包括"毛泽东思想和中国特色社会主义理论体系概论""思想道德与法治""形势与政策"三门课，虽然这三门课都是为了提升学生的道德品质与思想政治素养，但在具体开展的实践教学活动方面可能不尽相同。总体来看，当前我国思政课的实践教学模式主要有三种，分别是课堂实践教学、校园实践教学和社会实践教学。三种类型的实践教学模式相辅相成、互有补充，从而能够充分发挥思政课的教育功效。实际上，三种类型的实践教学也确实有助于高等院校大学生道德品质与思想政治素养的提升。

（一）课堂实践教学

课堂实践教学是在课堂上创设一种情境或者设计一个环节，让学生亲身参与的实践教学模式，这种实践教学模式能够将课堂上教师的理论讲授与学生的亲身实践紧密结合起来，当堂讲授、当堂练习，加深学生对教师讲授内容的思考与认识。我国的思政课具有鲜明的理论性和政治性，而这样的特点往往会让课程在讲授起来略显枯燥，而且对于广大"00后"的大学生，他们对于过去几十年甚至上百年的历史事件也比较陌生，而课堂实践教学模式则能有效降低思政课抽象与枯燥的程度。

课堂实践教学通常包括课堂辩论、焦点讨论、小组讨论、案例分析、影像展播、情景模拟等，这些课堂实践教学模式的存在能够把相对抽象、枯燥的理论或历史久远的事实通过课堂的某一个环节重新展现出来，也能让学生对思政课的相关知识有更为直观、具体的认识。同时，课堂实践教学这一模式能够有效激发学生课堂学习的主体性与自主性，培养学生的思辨能力。

（二）校园实践教学

校园实践教学是课堂实践教学的延伸，是在课堂之外、校园之内开展的实践教学活动，旨在通过校园内丰富多彩的校园活动来加深学生对于人生、社会乃至世界的认识，这种实践教学模式比课堂实践教学模式有着更大的自由度，同时也有助于丰富学生的校园文化生活。具体来看，校园实践教学模式主要包括校内调研、图书寻访、主题演讲、主题展示、微电影制作、文明评选、校园文化节等。

校园实践教学能够充分利用校园内部的各类资源，发挥校内资源的优势，例如校内图书馆、体育馆、学生活动中心、学生宿舍等场所设施，同时还可以充分利用校内丰富的师资力量、学生资源、科研成果等。这些丰富的校内资源可以让高等院校的大学生不断拓展自己的理论知识，深化对课堂所学知识的理解。思政课是一系列既富含科学理论，同时又紧密结合社会实际的课程，既有关于几百年前资产阶级及其政党革命的理论知识，也有关于当代大学生理想信念的阐述，还有关于近期发生的国内外大事的分析。学生可以利用校园实践教学模式的多种具体方式来加深对它们的认识，例如通过图书阅读来了解百年前资产阶级及其政党革命的知识，通过校园走访、调研来真正了解当代大学生的理想信念状况，通过主题演讲或者展示等途径来深入分析和理解当前国内外大事及其对我们国家、民众的影响。校园实践教学模式可以说是一种连接学生课堂学习与自我实践的重要方式，能够有效提升思政课的教学效果。

（三）社会实践教学

社会实践教学不同于课堂实践环节中学生的自主参与，也不同于学生在校园内部各类实践活动的参与，它是依据课程的教学任务和教学要求，在教师的指导之下，有计划、有步骤地参与校园外的各类社会实践活动的形式。由于学生大部分时间都是在校园内部学习、生活，所以社会实践教学更多的是高等院校大学生在寒暑假或者节假日的空余时间到社会中参与实践活动。思政课上讲述的很多关于人生、社会、经济、政治等方面的理论知识都比较抽象，需要学生在参与社会活动中对此方面的知识有真实的感受才能对这一知识点有更深刻、更全面的认知。

社会实践教学的形式一般包括校外参观、公益活动、社会（家庭）调查、勤工助学、志愿服务等。多种形式的社会实践活动可以为大学生提供多种渠道了解历史、现实和生活。例如校外参观，特别是展现革命和建设历史的纪念馆参观，可以让当代大学生更直接地感知某一历史事件的发生背景和发展过程；参与公益活动和志愿服务，可以让部分大学生通过接触社会、参与社会生活，改变原有的对社会的偏激看法和认知；大学生勤工助学等可以让大学生通过具体实践感受生活的不易，理解父母的艰辛，进而树立正确的人生观和价值观；大学生参与社会调查或者家庭走访调查，可以让学生对某一社会现实有更为全面的认识，能够以积极、正向的视角去看问题。

社会实践教学的重要性不言而喻，社会实践教学的效果也是其他方式难以匹敌的，但是社会实践教学也有其特殊的要求。首先，社会实践教学需要教育行政部门或者高等院校对于这一实践教学形式给予时间安排上的支持与协助；其次，还需要有效整合各类资源，一起为思政课的社会实践教学提供多方面的便利和支持；最后，还需要高等院校对思政课社会实践教学给予经费和组织管理方面的鼎力支持。离开实践经费的投入，社会实践活动可谓寸步难行，离开学校各部门的有效协调与组织，社会实践教学很难有序稳定、长期开展下去。

四、思政实践教学的主要原则

（一）引导大学生知行统一

思想政治教育教学绝对不是学习文件、学习材料，还有就是从各个有关学科拼凑起来的知识的集合，它应当有一个自己的学科体系。在这个方面，我们优秀传统文化中的教育思想，有丰富的案例，可以好好研究。我们要建设自己的思想政治教育教学基本体系，建设我们共产党人自己的理学，建设我们共产党人自己的心学。思想政治教育教学就是理学、心学，当然我这只是借用，不是要复活传统的理学、心学，理学就是规律之学，心学就是修养之学，围绕规律之学、修养之学，践行立德树人的职责、根本使命，来完成这个根本任务。知行统一原则就是思想政治教育教学所要追求的最终目标。知行统一就是理论与实际相结合，思想政治教育的教学重点就是使学生的思想和行为在实践中达到一致。理论对实践有指导作用，实践是检验理论正确与否的唯一标准，马克思主义的认识论中明确要求我们要用理论联系实际的方法去认识客观事物。这既是对客观事物进行正确认识的原则，也是构建任何教学建构都需要遵循的原则。

行动是获得知识的动力，思想政治教育教学作为指导教学实践行动最基本的理论指南，首先必须是正确的、科学的知识，进而又能指导教学行动的正确方向。思想政治教育教学与学生的思想行为密切相关，是培养学生的思想道德素质，使学生更好地认识社会主义主流价值观，形成社会所认同的思想政治观念，并用以指导实践的过程，即教学就是转变或提升学生思想的过程，这一过程只有通过学生认知上的转变和提升才能实现。只有让学生在对正确的思想观念进行了解、学习的基础上，还坚信这一观念的真理性，并用以实践，达到知行统一，才能说达到了教学目的，知而不行，那"知"就失去了意义。对于思想政治教育教学来说，这样的教学就是失败的教学。"知"是前提，而"行"是目的，知行统一才能达到用正确的理论指导实践的目的。因此，遵循知行统一原则有助于思想政治教育教学实效性的提高与目标的达成。在研究思想政治教育教学时遵循这一原则可以在研究过程中避免教学中教条化、公式化的倾向，使其教学范畴有助于解决"知与不知，行与不行"的矛盾，而这样的才是科学的范畴。在思想政治教育教学中，要使学生对基本理论的形成、发展的过程有基本的了解。因此，要对理论产生的背景进行阐述，从而引领学生感受理论的形成、发展的过程。有了这样一个感同身受的接收过程，才能在获得知识之后有与之相一致的"行"，思想政治教育教学的构建也必须遵循这一知行统一的原则。

（二）重视对思政问题的引导

要重视对思想理论领域问题的引导，努力排解矛盾的负效果，倡导积极健康的社会心理，坚持思想政治教育教学导向指引性的实践指向。思想政治教育教学的实效问题、质量问题的出现是教学面临的重点问题，我们需要根据现实情况，在以问题为导向的原则的指导下展开本论题的研究。思想政治教育教学是指导教学解决实效性，达到质量标准的重要基础理论性的基本原则。

（三）教育教学坚持开放意识

在对学科领域内的前沿问题展开研究时，要以开放的眼光看待问题，吸收其他的学科知识的有益成果，完善自身，以平等的态度对待中西方文化，取其精华，去其糟粕，助力于马克思主义理论及思想政治教育教学的建设和发展。一是增强从交叉学科的视角进行思想政治教育教学研究的自觉性；二是让把思想政治教育教学面向世界，放眼全球，这是促进学科综合化的现实需求，即在对教学的研究过程中要坚持全面性和联系性，以发展的眼光对待问题的研究，以动态的方式对范畴进行构建，与实践相联系，用实践检验范畴的真理性。教学实践过程是运动变化发展的，在研究教学时，要重视对教学过程中研究对象与社会环境发生的相互联系、相互作用的关系的分析，其关系会在一定时期内保持稳定，但不会固定不变，由其形成的真理也是具有相对性，而对其的认识则是无限的，即开放性。开放意识也是由思想政治教育教学相对的利益性特征所决定的，思想政治教育教学是一个系统，必然具有系统固有的开放性。

（四）坚持改革创新的理念

对教学理论的研究要持一种创新思想，要敢于打破常规，不破不立，只有打破，才能产生新东西。在研究过程中要勇于吸收新思想、新元素，用兼具独创性、新颖性和开拓性的思维方式为教学发展创造内生动力。思想政治教育教学是与实践密切相关的，其作为研究对象的大学生各具特色，要根据研究对象的需求，有目的有意识地进行改革和创造性活动。教学体系的建构本身就是高校教学基本理论的一个改革和创新，改革创新意识是由教学相对的利益性特征所决定的，遵循改革创新意识，必须在现有中及时地更新新时代高校思想政治教育教学的基本内容，使之更加充满生机与活力。

五、思政课实践教学的意义

（一）有利于培养高素质技能型人才

思政课实践教学不只是课堂辩论和演讲，更多的是校内外具体社会活动的参与。具体来说，思政课的实践教学能够让大学生有机会接触社会，参与社会活动，在社会生活中领会和感悟国家政策、方针的重要性，以及人民渴望喜乐安康的真实诉求，进而提升自身的政治素质、思想道德素质和法律素质。与此同时，引导大学生能够灵活运用马克思主义哲学思想来分析和解决实际问题，增强自身的职业素养与职业技能，真正成为对国家、对社会、对工作有用的高素质技能型人才。

（二）有利于提升思政课教师的教学水平

作为一名思政课教师，不仅要有扎实的理论功底，还要有掌控和驾驭课堂的高超技能，更为重要的是，思政课教师要在潜移默化中将正确的"三观"、正确的思想理念渗透到学生的思想之中，让学生在思政课堂上有收获，有获得感。而这种获得感的产生主要源自两个方面：一是有远见、有深度和穿透力的学术理论；二是要有丰富的实践教学环节，让学生在吸收有引领和穿透力的思想的同时，能够真正体察和感悟到生活的真谛、社会发展的规律……这对于思政课教师来说是一个极大的考验，需要思政课教师精心思考和设计每一节课，尤其是对能将认识上升为行动的实践教学环节的设计。因此，思政课实践教学有助于不断提升思政课教师的教学水平。

（三）有利于推动思政课的教学改革与创新

思政课具有极强的思想性和理论性，同时也是实践性非常强的一门课。思政课实践教学不是一成不变的，而是要根据时代的发展及学生群体特点的变化来适时地进行调整，这一调整本身就意味着要不断地对思政课的教学环节进行改革和完善，不断创新教学的方式方法，尤其是实践教学环节的教学方式和方法。实践教学环节是与社会实际和时代发展紧密结合的，必须以当代学生最能接受、最愿意接受的方式来呈现，这样才能激发学生参与实践的兴趣和热情，从而能够有效地保障思政课的教学效果，同时也能有效推动思政课的教学改革与创新，真正让思政课有温度、接地气，而不只是理论的输出。

六、思政实践教学的主要方向

随着我国综合实力的不断增强，特别是近年来我国积极参与全球治理，对世界繁荣稳定发挥了作用，我国的大国地位不断巩固已是客观事实。新冠肺炎疫情暴发以来，我国积极参与国际救援，分享防控经验，提供防护物资，塑造了大国风范。今后，我国将承担更多的国际责任。大国风范不仅体现在国家层面，也体现在社会和个人层面。大国地位需要其国民也具备应有的大国素质和大国风范。

随着国际国内形势的不断变化，大学生作为实现中华民族伟大复兴的生力军，要不断在实践中感知中提高自身的道德素质。高校要在大学生中牢固树立中国特色社会主义共同理想，大力弘扬社会主义核心价值观，以《新时代公民道德建设实施纲要》《新时代爱国主义教育实施纲要》为指引，努力提高大学生的道德素质。具体应该做到三个方面：一是要强调法治精神，教育引导高校大学生敬畏法律，既不能明知故犯，也不能因缺乏法律常识误入歧途；二是要培养大学生吃苦耐劳的精神，广泛开展时代使命和责任意识教育，教育引导高校大学生懂得奋斗就是幸福的道理，克服惰气、暮气、娇气，做到刚健有为、自强不息；三是要培养大学生良好的审美情趣，通过开展形式多样、健康向上、格调高雅的校园文化活动，提高学生审美和人文素养，努力打造良好的育人环境。

七、思政课实践教学的导向力

（一）推进思想政治教育科学理论时代化

任何一种思想的出现都是特定时代的物质世界和精神世界的反射，反射出时代赋予的任务和要求。推进思想政治教育科学理论时代化，即推进思想政治教育过程中马克思主义理论时代化。马克思主义科学理论能够拥有强大生命力、历久而弥新，正是因为其符合并不断适应时代提出的新要求、融入时代新元素并回答时代提出的新课题。推进高校思政教育科学理论时代化是高校面临的新的历史课题，高校思政教育的实效性正体现在时代化。

首先，高校务必要重视理论内容的创新，紧跟时代发展的步伐，把握时代本质和时代发展趋势。高校对大学生而言是党和国家重要的"传声筒"，是向大学生传达最新理论、政策和会议精神的中间载体，因此更应及时并准确地将党和国家的重要思想内容和重大会议精神更新到思政教育的内容中，对于教材内容要做到及时更新并传递给学生，对于重大会议精神的领悟，高校应及时开展专题讲座或召开主题活动，帮助学生和思政课教师解读和领悟重大政策精髓。

其次，高校的党团建设也应体现时代化的内容。高校党团是共产党人的摇篮，是高校党团建设的重中之重。其工作内容包括对积极分子的选拔、教育与考察、对预备党员的考察，以及对党的路线、方针、政策的宣传和学习，因此作为思政第二课堂的党团，其内容也应体现时代化精神。

最后，时代化也体现在教育模式、方法和途径的与时俱进，高校应不断优化和改进教育理念、内容、方法及环境，用符合时代的新理论指导学生、用全新的科技媒体辅导学生、用最新的教学方法引导高校大学生，使理论知识更贴合学生生活实际。从理论内容的与时俱进和宣传教育手段的与时俱进，极大地促进高校思想政治教育时代化，从而体现教育实效性。

（二）推进思想政治教育科学理论大众化

通过教育宣传马克思主义是马克思主义大众化最基础的方法。马克思主义理论只有被作为社会主体的大众所接受、所理解、所掌握，才能成为改造世界的巨大精神力量。作为指导中国具体实践的科学理论，其根本要求和内在要求就是马克思主义大众化。高校开设的马克思主义理论相关课程，意图通过有计划、有目的的教学活动，使高校大学生理解并接受马克思主义，同时将其内化为自身的一种信仰，指导和影响思维和行为活动。一方面，在高校思想政治教育中，教育者应将马克思主义理论枯燥乏味的语言转用生动、形象、诚恳的方式将其内涵传达给学生，同时借助鲜活的案例和感人的事迹，在真实的教育情境中，让学生感悟科学理论的先进性和真理性；另一方面，高校通过在校报、校园专栏及微信、微博公众平台等刊登或发布大众化马克思主义相关内容，以深入浅出、生动活泼的语言文字，将通俗化的马克思主义理论运用于分析当前热点事件和时代大势。高校思想政治教育大众化，更是国家未来稳定发展的基础。高校培养了无数科技文化精英，他们承载着国家未来发展的重任，将通过与社会的互动对社会各方面的发展产生影响。高校思想政治教育科学理论大众化就是要将马克思主义理论转化为思想武器，内化修养、外化行为，是维护社会稳定、国家发展的前提准备。

八、提升思政课实践教学实效性的对策

（一）课堂专题教学

课堂专题教学的主要目的是要将教材的重点和纲要给学生讲清楚，同时通过

面对面的现场氛围培养学生的道德情操。学院各门思政课教研室主任负责组织教研室全体教师对思政课相关教材进行研究，在充分熟悉教材课程内容的基础上，按照教学大纲的要求，进行集体备课。在新学期开学前，教研室主任组织教研室成员讨论决定每门课的讲授专题，并进行分工合作，每位教师完成相应专题的教学设计、PPT课件、专题案例、相关视频等内容的准备，然后集教研室之力进行修改完善。新学期开学后，任课教师利用教研室集体备课的成果（PPT、案例、视频等教学资料）实施课堂专题教学。思政课教师在讲课时注重使用多媒体教学技术，将文字、声音、图片和视频灵活、合理地运用，把纯文字的教材内容转换为动态的、活泼的多媒体形式展示给学生，以增强思政课的吸引力和感染力。

（二）课后实践研修

课后实践研修的目的是让学生把理论和实际结合起来，在实践中真正理解和掌握思政课所传达的马克思主义立场、观点、方法。马克思明确指出："全部社会生活在本质上是实践的。"实践是检验真理的唯一标准，学生通过身体力行的亲身实践能够更加直接、真切、深刻地感受和理解书本的理论知识，进而认同、接受和自觉运用。在本环节，任课教师要对学生的课后实践研修进行科学安排和全程指导。具体程序如下：一是组织学生分组和选题，新学期伊始，学生每4~5人组成学习小组，选出组长，每一小组围绕本学期课程内容，在任课教师的指导下，根据自己的兴趣爱好选题；二是指导学生撰写开题报告，各实践性研究学习小组在教师的指导下围绕所选题目进行开题报告的撰写，学生要通过文献的收集和分析明白选题的价值，列出实践研究的框架内容，想好实践研究的思路，做好研究计划和方案；三是要求学生进行开题答辩，各实践性研究学习小组将做好的开题报告在讲台上对教师和学生进行陈述，之后教师和学生一起讨论并指导各组对研究内容、研究方案、研究思路、研究计划等进行进一步的修改和完善；四是学生分小组进行实践调研和论文写作，教师通过线上线下等各种途径进行全程点拨和指导，指导的形式多种多样，或面对面指导，或通过网络指导，或在课堂教学过程中穿插指导；五是在期末时学生分组对社会实践研究的成果进行汇报和答辩，教师予以点评、提问和提出修改完善意见，教师根据各实践小组成果的水平，予以评定本环节的分数。

（三）网络自主学习

网络自主学习的目的是充分利用互联网的优势和特点，拓展和强化学生的思政课理论学习。新时代，思政课教学必须充分利用互联网，积极发挥网络的育人作用。有学者指出，互联网已经成为新时代思想政治教育话语权建构的主战场，只有赢得互联网才能赢得青年。网络自主学习充分整合了互联网平台的优点，使学生可以跨越时空的限制自由地学习。在互联学习App上，学生可以在上面学习思政课相关知识，并且可以在App上进行讨论交流。学生也可以通过互联学习App与教师进行互动答疑交流，建立讨论区，针对时政热点提出疑问并发表看法，由教师进行答疑解惑。教师可以在互联学习App上发布作业和思考题，学生可在上面提交作业、参加考试等。课堂教学时间有限，教师不太可能把巨量且繁杂的学习内容都在课堂上传授给学生。因此，在课堂重点教学之后，老师们除可以把学生网络学习的课件、教案、试题库等学习资料上传到网络学习平台上外，还可以把相关的但没在课堂上讲授的学习内容，以及最新资料和拓展内容发布到互联学习App上，使学生获得相对传统课堂而言丰富得多的学习资料，进而提升学生的思想政治理论广度和深度。

第三节　互联网时代大学生思政课程创新优化

一、大学生思政课程创新优化的原则

顺应教学理念的变革要求和大学生主导性需求的变化，思想政治理论课要达到塑根铸魂、立德树人的目标，在课程创新优化的全过程中应坚持如下五个原则。

（一）主导性原则

虽然现阶段高校越来越强运用创新人才培养的专业化程度比较高的小班化教学，但思想政治理论课的教学仍然普遍采取大班授课模式，这就造成教学过程只能照顾到学生的普遍性需求。课程内容本身的强理论性和系统性，决定着教师要成为课堂的主导者，发挥着"以我为主"的主导作用。这种主导作用体现在从教材的选取、教学大纲的编制、教学内容的编排、教学讲授的过程到结果的评价与考核（特别是价值引领），均应以教师为主导。

（二）主体性原则

主体性是从信息接收者的角度而言的。教学过程离不开作为知识信息传播者

的教师，更离不开作为信息接收者的大学生。教学过程在突出教师主导作用发挥的同时，更应该重视与尊重学生主体作用的发挥。这就要求教师引导学生积极参与教学活动，并着力做到心中装着学生、过程依靠学生、方法教给学生、目标聚焦学生、一切为了学生。学生要善于开展自主学习、探究学习、创造性学习，有效培养自己的自主学习习惯和良好的学习迁移能力。

（三）启迪性原则

思想政治理论课的任务并非单纯"拷贝式"传播既有的理论知识，而是要启迪智慧、引领学生成长。因此，教师要在了解学生原有的知识结构、认知图式、思维方式和语义解释框架的基础上，通过课堂教学模式的改革和课堂教学情境的创设，引导学生学会选择、学会学习，带着问题去思考、去发现，通过独立思考、独立感悟、自主探索，去获取新知识、新观点、新见解。教师要在有效组织驾驭课堂的前提下，切实尊重学生的主体地位，发扬课堂教学民主性，创设探究式教学情境和宽松舒畅的教学气氛，不断激发学生的学习热情与兴趣，引导学生大胆发表自己的独立见解，以期获得思想和智慧启迪。

（四）协同性原则

这一原则要求教师在教学过程中要确立"教"与"学"共同体意识，主动带领学生共同合作，参与创设一定的环境与情景，充分发现、引导、调动学生的积极性，通过专题教学、案例教学、翻转课堂、微课等教学方法的创新与改革，激发学生的参与热情，发挥教师与学生两个主体的互动性、互益性和协同性，着力培养、发挥学生的主体意识、主体精神，提升学生的获得感，有效实现教学相长。

（五）获得性原则

贯彻这一原则要求在教学过程中，教师要及时主动地研究学生、了解学生，努力避免那些理想化的、好看不中用的、好看中用但没法获得或需要投入大量资源的教学方式；要力戒照本宣科、囿于理论、不接地气、高高在上、受学生冷眼而无法有效激发学生兴趣的做法；要坚持以学生为中心的需求导向和问题导向，通过教学过程的组织与实施、教学方式的创新与改革，使学生在知识获得、情感涵养、品德养成、能力拓展、行为训练等方面获得新的、长足的提升与发展。

二、大学生思政课程创新优化

（一）公共必修课程体系的优化完善

根据党的十九大精神指导和相关要求，习近平新时代中国特色社会主义思想按照"三进"要求，也将逐步在本科阶段和研究生阶段全面铺开。与之相对应的，教育部就上述各思想政治理论公共课程的学时、学分予以明确规定，要求各学校必须开满开全，不能以各种理由削减课时，确保量足质优。那么，在此大框架确定了的前提之下，如何优化完善公共必修课课程体系，则需要从结构、内容上优化疑难问题，辅之以与教师的良性互动、制度的坚实保障，才能够在大框架下，提升每一门思想政治理论公共必修课的教育教学质量。

（二）马克思主义理论专业课程优化完善

由于各个学校的人才培养方案各有差异，开设课程也各有不同和侧重，很大程度上取决于所在学校的师资力量和学科方向，因此很难就专业课程体系做统一性的优化完善，只有从优化完善的原则角度提一点意见。

第一，聚焦国家和社会发展需要优化、完善课程体系。马克思主义理论专业课程体系并不是一成不变的，需要根据时代变化和社会发展需要与时俱进。举个例子，20世纪八九十年代，该专业的培养计划偏重设置一些西方哲学社会科学方面的课程，因为当时的中国需要更多、更迫切地了解世界。时至今日，培养计划中除了中西方思想文化交流方面的课程有必要保留并修订之外，更需要根据变化了的国际局势及正在变化的中国，开设并加强服务于中华民族伟大复兴的课程、服务于坚定"四个自信"等的课程，如此才能保证培养出来的学生跟得上时代发展需要，更好地服务于国家各方面的建设。

第三，聚焦人才培养定位和目标优化、完善课程体系。我国的大学是划分层次和划分类别的，因此同样开设马克思主义理论专业的情况下，每个学校的人才培养定位和目标都会呈现出差别。比方说本科院校和专科院校、师范类院校和综合类院校、理工农医类院校和文科为主的院校，他们的人才培养定位和目标均不尽一致。在这种情况下，相对应的培养方案及由此设定的课程体系就应该有所区别和侧重。举个例子作为综合类院校的重点马克思主义学院和师范类院校的重点马克思主义学院，其培养方案绝不能完全一致，如果完全一致，就违背了两个学校的设置初衷，也违背了两个学校的建设发展方向。在此情况下，综合类院校根据其人才培养定位和目标，所建构的课程体系就要把视野拓宽一些，不能局限于师范类人才的定位和培养。同理，师范类院校根据其人才培养定位和目标，所建构的课程体系就要把眼光聚焦得更专业一些。坚决反对无视人才培养定位和目标，在培养计划中建构大而全、不能凸显学校和行业特色的课程体系。

第五章 互联网时代大学生思政协同育人

随着大学生思想政治教学改革的推进，协同育人教学理念逐渐受到高校领导和教师的重视。大学生思政协同育人顺应了历史发展潮流，对提升大学生思想政治教育教学效果有着积极的作用。本章主要论述了互联网时代大学生思政协同育人，分别从互联网时代大学生思政协同育人基本内涵、互联网时代大学生思政协同育人现状及问题、互联网时代大学生思政协同育人策略三方面进行详细介绍。

第一节 互联网时代大学生思政协同育人基本内涵

一、大学生思政协同育人的目标

（一）落实立德树人根本任务

2019年3月18日，习近平总书记在全国学校思想政治理论课教师座谈会上强调要落实立德树人根本任务。立德树人是我国高等教育学校的根本使命，直接指明了高校存在和发展的方向，明确了一切思想政治教学与管理工作必须坚持的核心理念和导向。立德树人的对象是正处在青年时期的大学生，其政治认同、民族意识、人生观、价值观、道德观、荣辱观等都不稳定，辨别能力较弱，较容易受到不良信息误导。在新时期，多元网络思潮复杂多变、风起云涌，加快了大学生意识和思想的变化速度，大学生自身的主流价值观意识和理想信念容易动摇，从而产生价值困惑、心理焦虑、道德认知模糊等问题。对此，高校应紧紧围绕大学生这个中心，通过植入大数据思维、构建思想政治教育大数据系统、培育掌握大数据应用的教师人才队伍等方式开展高校思想政治理论课课程教学，促进和加强思想政治工作各类育人主体的即时互动、经验共享，根据不同学生所喜欢的方式，差异化地利用课堂教学、科研实验、校外实践、生活管理、学生资助、心理服务、情感教育等形式，进一步激发各项育人资源和要素动力、活力，协同发挥效用，形成强大的教育合力，培养一批又一批既具有优秀道德品质、健全人格，又具备突出的综合素养、强烈爱国情感、崇高理想信念的青年大学生，为国家建设和民族复兴培育坚实和强大的后备力量，坚决落实立德树人根本任务。

（二）促进大学生的全面发展

马克思历过无产阶级革命的长期实践和经验总结，形成了对"人"的深刻认识，并提出了"人的全面发展理论"。人需要通过多样化需求的满足、技能的提升、社会关系的稳定、个性的解放才能实现个人的全面发展。从某种意义上来讲，思想政治工作的核心和指向是人，这也为人的全面发展奠定了良好的基础。随着新时代网络信息技术的发展，它为实现人在技术支持下智力和思维层面的延伸发展提供了新的机会和可能。在网络信息技术的影响下，思想政治工作无时不有、无处不在的优良氛围，为大学生成长成才塑造了良好的外部环境，由外而内、由浅至深的逐步改造大学生的世界观、人生观、价值观。并且，大数据基于数据整合、数据挖掘、关联分析、用户个性画像，洞悉隐藏在数据背后的大学生思想行为群体与个体规律，动态跟踪每一个大学生个体的学习动态和行为习惯变化并预测其发展走向，帮助教师设计针对性强、个性化强的思想政治工作，实施必要干预、有效引导，最大限度激发每个大学生内在潜能、学习兴趣，使大学生能够在思想、心理、情感、意识观念和行为各个层面发生积极变化，最终促进个人的全面发展。

（三）构建个性化育人新模式

"个性化教育是尊重个体特殊个性，发掘个体潜力，培养个体独特才能，促进个体自由发展的教育理念和模式。"这一理念和模式适应了大学生自身追求个性化成长的需要，也满足了多元化人才培养的社会需求，一直为我国高等教育所强调和倡导。人类社会从网络时代到大数据时代的进步和跃升，极大程度上推动了高校思想政治教育工作的开展。大数据海量、多样、高速的技术优势，能够对每个大学生个体的课堂行为、生活行为、工作行为、消费行为、阅读行为、娱乐行为、交友行为等多维数据进行实时采集、跟踪与监测，并且对全体样本数据进行即时存储、处理和深度分析，根据每个学生的数据集合和海量资源的共享智能生成用户画像和可视化模型，为思想政治教育工作者的决策生成可供参考的建议，促使教师作出科学决策。针对个别学生的特殊性需求，设计符合每个大学生"口味"的专属学习方案，推荐最适合的学习资源，并根据学习接受力和内容偏好的不同适度调整教学内容，实现"内容个性化"。同时，以大数据为依托的思想政治工作平台可根据大学生个体道德水平、知识结构、学习进度、学习规律、学习特点、学习风格、学习需求的互异，采取差异化的教学方法、模式，安排合理的教学进度，实现"过程个性化"，从而最大限度挖掘每个大学生在知识学习、科研实验、学生工作、社会实践、文体特长等方面的潜在优势。与此同时，大数据根据大学生智力、品德、心理、思想等方面的数据变化实时反馈学生个体的受教育效果，找出影响教育教学的问题原因，推动教育实施者改进教学方案，从而达到"效果个性化"。大数据运用于思想政治工作旨在从内容到形式、从主体到客体、从教学过程开始到结束构建起一整套科学、完整、可行的个性化育人实践运行模式，真正实现更加符合人性和人的发展规律的个性化服务。

（四）满足社会主义建设需要

社会主义的建设以意识领域的安全稳定、健全的顶层设计、科学的思想指导为前提和基础，但是网络的迅速发展和社会多种非主流意识形态的滋生，引发各式各类网络舆论思潮的飞速膨胀和蔓延，社会主义主体意识形态受到冲击。作为"网络原住民"一代的青年大学生，其意识观念、思维方式、价值取向、行为实践受此影响也呈现出新的发展特点，甚至出现了与主流价值观念不符的思想倾向和行为表现。这很大程度上影响了中国青年大学生群体为新时代中国特色社会主义建设竭力付出、为祖国复兴矢志奋斗、为人民美好生活积极奉献的坚定信念。

（五）推动国家教育事业发展

当前，我国经济、政治、文化等各个领域的建设紧跟新时代的步伐正在稳步迈入新阶段，国家一流高校、一流学科建设战略规划为我国高等教育的新发展创造了契机。在这一新形势下，高等教育作为人才培养工作的关键环节和把关阶段，应当如何因时、因势、因事改革，以取得新突破、开创新局面是一个需要深刻思考和迫切需要解决的重大理论与现实问题。根据党和国家对人才建设与高等教育改革的指示，紧紧围绕人才培养中心任务，着力推动思政协同育人理念、思路、手段、载体、基层工作、评价机制的系统创新，激活思想政治工作协同系统的内生动力，这对推动我国教育事业的发展有积极的作用。

二、大学生思政协同育人的原则

原则是言行所依据的准则。大学生思政协同育人的原则是在具体的实践互动中抽象出来的。大学生思想政治教育是一个系统工程，系统中的各要素以一定的原则为指导实现互动，发挥育人功能。

（一）人本性协同原则

人本性协同原则是大学生思政协同育人的核心。人本原理发端于管理学，对大学生思政协同育人的管理具有重大借鉴意义。高校一切工作都是围绕人才培养的目标展开的，人才的培养引起知识和价值的创造，这些创造需要思想政治教育来引导。大学生思政协同育人将大学生的发展导入一个开阔的环境，促使学生在轻松自在的协同育人活动中完成自我实现和自我超越。因此，大学生思政协同育人要以大学生为本，切实遵循大学生的身心发展规律和教育规律，培养德才兼备的新时代青年。

坚持"以人为本"，把人本性确立为基本原则不仅是发挥互联网技术价值理性的应有之义，更是凸显思政协同育人本质的实然之举。首先，体现在工作理念上尊重大学生的主体地位。思想政治工作的实施主体应当将大学生作为一切教育行动的出发点和落脚点，将大学生成长的内在规律和发展需求作为实施教育改造的依据，在育人价值目的上、思想观念上、方法手段上、机制制度上坚持人本位取向，体现人性化特色，主动关心、爱护、帮助大学生，解决个人世界观、价值观、人生观方面的疑惑。在思想政治工作的过程中尊重教育对象的自主权和选择权，注重挖掘大学生的独立性、主动性、积极性、创造性，丰富大学生自由个性的丰富内涵，彰显大学生的主体人格。其次，工作要着眼于大学生的需求。互联网时代网民文化、直播文化、互动文化的产生，不断冲击着大学生的价值认知模式和交互方式，其追求个性、出众、互异的性格特征更加鲜明，这对高校的差异化教育服务提出了更高要求。大数据的成熟应用及云计算、人工智能的突破性进展使"差异化"教育真正从理念倡导变成了现实实践。高校要强化思政协同育人主体差异化思维，引导他们主动运用大数据科学记录不同个体的学习行为数据，可视化、动态化呈现每个学生不同的知识结构、学习生活轨迹、性格表征，关注大学生的独特个性和特殊需求，以针对性、个性化、差异化的教育模式分类、分层、分个体提供服务，突出内容、资源、过程、效果的差异化特征。最后，要强化人文关怀。大学生既有生活、学习、交友、娱乐的基本需要，也有被理解、尊重、认同、信任、价值创造的人生追求。在大学生思政协同育人中彰显"以人为本"理念，要突出对大学生的人文关怀，要求育人主体树立"社会"与"个人"双重价值有机统一的理性思维，更加关注大学生个体发展、享受、情感、心理、意志、信念等方面的需要，在工作方式上体现艺术化、人文化、细腻化，用释疑解惑、当面疏导、同辈陪伴、文艺感化、心灵互动、换位思考、网络育人等方式，让思想政治工作抵达大学生内心，引导大学生在价值理念、知识探寻、人生目标、信仰追求上实现自我发展、自我完善、自我超越。

（二）有效性协同原则

传统"千人一面"式工作方法固化了思想政治工作育人模式，教授内容与学生需要的适应性不足，反倒形成对教育对象的成长禁锢。互联网时代差异化定制成为主攻方向，互联网能够从数据中发现教育对象行为特征、成长目标呈现出的复杂化、多样化、互异化、层次性特征，以差异化思维意识强化对大学生个体的关注和重视，对个别大学生具体教育问题做到具体分析，从而帮助教育者有区别采用自我教育、形象演示等方法，增强育人方法和机制对个体的适应性，让大学生自然、欣然接受教育者的引导，对其心理和思想产生直接和深刻的影响。不同大学生有不同的能力优势和性格特征，应当在培育目标上体现差异性。大数据基于对不同学生心理素质、情感思想、价值态度的统一性承认，从个别化对象数据析出不同学生个体先天优势能力、学科背景、学校特色、专业特长、学习程度的差异，为教师提供如何制定学习目标、架构内容体系、设置考核目标和评价标准的数据参考框架，使教育目标更加契合不同阶段大学生的情感、价值、心理和行为的需要，从而促进每个大学生的个性成长，最终实现协同教育的有效性。

有效性协同原则是大学生思政协同育人的关键，是思政协同育人工作效果的重要呈现。一方面是确保思政协同育人目标切实可行的需要。目标的切实可行，有利于实现协同育人的创生性，促进大学生思想政治教育的发展。另一方面是确保协同要素均衡有序参与育人活动的需要。育人要素的有序参与、互通互联，有利于实现协同育人的衔接性，形成最佳教育合力。因此，大学生思政协同育人只有坚持国家的政治方向、契合社会主义市场的发展、满足人才培养的需要，才能充分发挥协同育人的有效性，实现人的全面发展。

（三）时代性原则

时代性原则是指大学生思政协同育人要反映时代变化、契合时代背景、紧跟时代潮流、适应时代形势，根据时代和社会的发展而不断作出调适和改变，与当下的现实环境和社会氛围相融合。首先，思政协同育人的时代性体现在与时代背景的契合。互联网时代构成了当下最鲜明的时代背景，并且伴随大数据、云计算、人工智能技术的迭代升级，互联网时代正在朝向更高级的阶段过渡和转化，出现了智能化的形态发展趋向。推进大学生思政协同育人发展应当正确认识互联网时代的必然性和重要性，以互联网时代为重要遵循，抓住互联网时代这一难得的发展机遇，科学、合理、谨慎地运用互联网创新、改造方法手段，体现工作的时代感。其次，体现在对时代问题的把握。互联网时代的大学生思政协同育人要紧紧围绕立德树人大任和培育时代新人的重大使命，结合新时代背景下出现的新变化、新要求，精准把握当前高校育人过程中在主体、观念、机制、载体、效果方面存在的新问题、新矛盾，进而施以有效措施进行破解。最后，大学生思政协同育人时代性体现在对前沿技术的追踪。步入互联网时代，大学生的一举一动乃至思考想象皆以数据呈现，数字化表征揭示了大学生的真实自我，教育主体基于因果关系考量和经验直觉而形成的教育决策可能并不具有相当的可靠性。要重视网络育人、数据育人，以思维和技术的同步创新增强高校思想政治工作的时代性、生命力、感染力，提升高校协同育人的精准性、人文性、实效性。

（四）整合性协同原则

整合性协同原则是大学生思政协同育人的保障。大学生思政协同育人以系统论为理论基础，其整合性协同原则必不可少。一方面，思政协同育人处在"群己关系"的社会交往中。有效的协同整合，有利于良性社会资源的有效转化，如和谐、友善、诚信等资源转化为积极的思想政治教育，推动高校育人目标的实现，为大学生思政协同育人格局的构建创造条件。另一方面，大学生思政协同育人重视人的全面发展。多元主体、部门、平台等在协同育人中充分整合智慧和正能量文化并合理消费，有利于促进新青年德智体美劳的全面发展。

（五）延展性协同原则

延展性协同原则是大学生思政协同育人的创新。目前，大学生思政协同育人体系还存在弊端，深刻反思协同育人的包容性发展是重点。一方面，坚持延展性原则是实现目标的诉求。培养全能型大学生，需要开放的、全方位的育人环境，并在问题和发展中实现符合时代的正确转变。另一方面，延展性协同原则是各育人要素互动的需要。各育人要素具有自身优势，在开放的互动中容易受自身因素的影响而影响育人效果。因此，需要以协同创新为导向和重点，创新互动方式，实现协同育人的人本化、互通化建设。总之，延展性协同原则的实现要在统一规划下进行，在开放的格局下实现目标的诉求和各要素的创新互动。

（六）科学性原则

在遵循思想政治工作一般规律的基础上，运用大数据和协同领域的理论和方法对过程中出现的问题进行思考、分析和解决，援引出科学结论，以此凸显思想政治工作的科学内涵和科学价值，是互联网时代大学生思政协同育人的基本指向，其科学性主要体现在对"三大规律"的遵循。

首先，遵循思想政治工作规律。思政协同育人要坚持社会主义办学方向，以党的坚强领导作为有力保证，围绕立德树人任务，加强理想信念教育，用马克思主义的科学世界观和方法论引导教育大学生，用中国特色社会主义理论体系铸魂育人，提升大学生的理论自信；要以习近平总书记最新的一系列思想政治工作论述和教育思想为科学指南，用科学性、真理性的理论为思想政治工作提供指导实践，为大学生成长成才奠定牢固的思想基础，用社会主义核心价值观增强大学生价值自信和价值认同。

其次要遵循教书育人规律。高校不仅是传播科学知识的高地，更是育人的摇篮，其第一层次的任务是教书，更高层次的目标则是育人。高校思想政治工作要用好课堂教学主渠道，深耕思想政治理论课，其他各门课程要"守好渠""种好田"，形成协同效应，促进教书与育人协同一体，做好知识传授与思想培育、价值引领、品德塑造的统一。同时善于利用校园文化、社会实践、科研实验的育人要素，让大学生在文化熏陶下、亲历体验中、科研训练中受启发、长才干、提素养。

最后要遵循大学生成长规律。大学生属于独立意识强、自我意识强、个性诉求鲜明的一代，且价值观和情感心理尚未成熟。互联网时代大学生思想政治教育要形成科学工作观念，营造平等互动、民主讨论的学习氛围，尊重学生的主体个性差异，善于运用大数据科学的思维、方法、技术手段分析大学生心理行为变化规律和研判学生思想变化动向，回应大学生需求，多采用引导式、体验式、互动式、鼓励式的方法对学生进行思想政治教育，将思想政治工作价值性的内容讲得有意思、有韵味、有温度，让学生听得懂、喜欢听，用社会主义正能量的传播和宣扬引领大学生身心和人格健康发展。

三、大学生思政协同育人的特征

（一）主体的多元性

"全员育人"是加快形成协同育人格局的重要一环，它是指不同思想政治工作主体基于一致目标协同塑造大学生价值信念、引导大学生政治培育、疏导大学生心理隐忧、铺垫大学生成才之路、供给大学生情感关怀，促进大学生的成长进步。专职教师、学生工作队伍、党团组织、家庭、企业、社会等多个主体构成了思想政治工作活动的主要能动性因素，专职教师作为思政协同育人的主体力量应当将大学生的思想道德教育融入课程学习、科研训练、职业指导等任务中，通过不同形式和多元化的内容对大学生施加影响，在大学生的政治观、文化观、价值观和思想认知层面留下深刻印记。学生工作队伍作为学生日常生活和学习管理工作的组织、实施与监督者，也承担着学生思想行为教育的职责。

（二）对象的复杂性

大学生思政协同育人的直接对象是"人"，是正处在成长关键期和思想敏感期的大学生，他们思维活跃、行为多样、辨别意识能力较差，对于人生价值和外在世界的认知尚未定型，在思想和行为层面都呈现出极高的复杂性。思想政治工作对象复杂性体现在两个方面。一方面是大学生的思想和行为变化快。随着互联网的发展，社会思潮在网络空间不断滋生和蔓延，一些带有"普世价值观"、新自由主义、民族虚无主义、功利和享乐主义色彩的思想主张借助美丽的外衣，以隐性的方式在高校校园里集散和潜伏，不断刺激着当代学生的价值观念、思想认知、道德观念，也对高校意识形态领域的话语权威形成了不小挑战。大学生的思想、心理和行为变化速度极快，致使思想政治教育工作者很难把握教育对象思想行为发展的确定性规律，也就难以精准定位施策的着力点。另一方面，对象复杂性还体现在大学生思想和行为的矛盾突出。伴随社会主义改革的深入和网络应用的全球普及，社会环境和社会舆论变得更加复杂多变，一些错误思潮和信息舆论迷惑了不少大学生，使他们对正确价值观的群体认同和内在认同有所削弱，这就导致大学生群体中出现理性思考和关注现实的意识弱化、政治信仰模糊、民族认同降低、疏离传统道德、心态浮躁等问题。一些大学生在面临价值判断和道德选择时，常常疑惑重重；面对理想信念的奋斗时，常常意志不坚；面对集体利益与个人利益、当前利益与长远利益的协调时，常常认识不清。他们在思想和思维上的彷徨、困惑最终表现行为矛盾，衍生出行为出格、错乱、攻击等问题。大学生思想和行为统一性的缺乏，加大了思政协同育人的难度。

（三）方法的精准性

互联网时代，可以借助学校教务系统、学生信息门户、校园一卡通、社交平台、视频监控中心等一体化系统，以离线采集、在线采集、互联网采集等模式实现学生数据采集动态化，对数以万计大学生的课堂出勤、图书馆借阅、食堂消费、归寝情况、运动锻炼、社会交往、社会实践等多维数据和指标，以及他们在网络上留下的文字、音频、视频、表情数据进行全面采集、记录、监测，汇聚形成强大的数据流，构建个人用户元数据库。大数据分析建立在统计学学理基础和机器学习技术支撑下，通过算法编程预先设计数据分析方式，从而实现数据的自主记忆与识别、智能分类与存储、超级运算、深度分析，刻画每个学生相关性动态轨迹并输出形成共性词条，从庞杂的数据中析出大学生的行为偏好和习惯、学情考情、就业偏好、心理意向、犯罪动向，构建具象化、可视化学生用户画像、模型、图表。同时大数据可以监测高校舆情危机，分析舆情产生源头，科学研判其演变动态，及时启动预防和应急处理机制。大数据应用是数据发声、创造价值的过程，这一过程体现在大数据结合不同的环境和目的，告诉教育者什么样的决策是科学的，如何实施才能降低教学管理过程中的风险和成本。对于学生而言，大数据为每个学生生成个性化、精准化成长方案，提升学习推送精准度，使思想政治工作内容精准对接大学生的情感需要、价值需要、心理需要、学习需要。

（四）资源的共享性

大学生思政协同育人资源共享性特征，体现在资源的跨群体、时间、空间的流动、传输、共用。其一，资源的跨群体共享。大学生思政协同育人必然要打破高校与其他主体之间的壁垒，依托网络建立沟通渠道和开放的大数据交流平台，进而丰富思政育人资源内容、提升资源配置效率和服务水平的同时也成为联系主客体的一种物质形式，促使不同主体在数据这一载体的连接下结成相互关系，加速大学生和高校教师之间，各学院和部门之间，高校与家长、社会组织、政府部门、企业之间的信息交流、数据分享、跨界合作步伐，打破数据垄断，使数据资源在不同群体之间的流动过程中提升资源自身价值。其二，资源的跨时域共享。每个大学生的学习行为、消费行为、社交行为、运动行为皆以数据形式爆炸式叠加、增长，形成思想政治工作数据资源，这些资源依托手机、平板、校园网站、微博、微信、QQ 等多种介质组建的庞大传输网络，实现即时传输、分享、获取，彻底改变了传统教育时代下思想政治工作资源共享不及时的弊端，使高校思想政治教育工作者可以在第一时间获取最新信息，从而及时调整教育决策和方案。其三，资源的跨区域共享。数据驱动的资源共享平台基于区域精准定位、自主整合区域内的有效资源，打破空间物理条件对数据流通和共享的限制，突破区域壁垒，形成开放、互联、共通的网络空间环境，推动育人主体共建、共享数据信息网络，发挥出大数据信息资源多重效益和价值，融合多种教育力量，完善协同育人模式。

（五）路径的聚合性

"聚合是指单个的事物或元素以某种方式从离散到集中状态转变的过程"，而大学生思政协同育人的路径运作即校内校外、线上线下各项育人元素以大学生为核心通过协同方式实现作用力聚合的过程。互联网时代，高校积极推动人才培养工作与技术接轨，改变了物理技术支撑下的思想政治工作信息传播、资源获取、人际合作的机制和方式，即改变了高校育人的路径。对于大学生个体而言，需要接触多个客体对象，如教师、家长、社会人员等，接收来自多方面的信息资源，以掌握个体成长所必需的多个学科门类的知识技能素养，从而获得全面发展。然而，教师、家庭、社会、企业等主体地理位置布局的分散性及思维的封闭性却制约了协同育人模式的形成。基于开放、互动、自由的思想政治工作空间和大数据一体化平台网络，打造完善成熟的高校体系化、全方位、全天候育人网络，构建有机互动、双向"互哺"的教育合作机制；各大育人主体以大学生为聚合中心点，教师、家长、社会群体等从育人空间中的多个定点协同发力，构建开放式、互动式、双向式、协同式的工作关系和样态，共同合作、共同参与，形成高校、家庭、政府、社会、企业合力育人格局；协同开发各类育人要素资源，在育人路径的选择、资源的供给、数据源参考上与大学生现实培养目标、个性需求相互匹配，使各大主体有针对性发挥各类资源价值协同效应，共同致力于大学生的个性化成长和发展，在大学生思想、心理、情感、道德观、价值观、文化观等方面的变化中彰显思想政治工作的价值。

四、大学生思政协同育人的价值

（一）强化思想政治工作服务的针对性

传统模式下的思想政治工作囿于信息工具及采集、记录、存储、流通技术的限制，只能依托于课堂出勤、作业考试、局部调查、随机采样、个别访谈等方式反馈出学生存在的思想问题，从而提供相应服务。但是一些"表面现象"和教师的主观臆断导致部分思想政治工作方法走向了模式化，其供给的内容缺乏针对性和吸引力。在协同育人理念、方法、路径、细节、效果评判等环节体现出针对性，针对个别群体、个别问题、个别需求供给服务，这无疑强化了大学生思想政治工作服务的针对性。首先，大数据精准研判学生需求，提供针对性服务内容。大数据"样本＝总体"的数据模式能够使思想政治工作数据样本从个体转变为全体，数据规模从小部分转变为海量，数据类型从一方面转变为全方面、多层次，创造了高校思想政治工作全体样本和所有数据的量化分析方式，透过大学生学、吃、穿、住、行多维数据的挖掘、分析、清洗、建模，发掘信息数据背后的隐藏信息，剖析学生的特殊需求和个性差异，精确定位大学生的需求层次，预测大学生思想和行为动向，有针对性地为不同的大学生提供思想引导、政治教育、心理疏导、情感感化等服务，满足学生在成长发展过程中的需要和期待。其次，大数据敏锐感知大学生思想行为问题，提供针对性对策。大数据系统掌握样本全部数据，能够研判大学生对象的一般性发展规律和动态曲线，一旦出现细微"差错"，便立即启动危险预警机制，快速诊断学生在思想、心理、身体、行为方面可能出现的异常问题，如学习成绩下滑、信仰迷失、违法违纪、心理焦虑、犯罪倾向等，帮助思想政治工作育人主体深入了解学生的疑惑困惑，主动关心学生内心的真实想法，提供人性、温暖、个性的关怀引导服务，帮助入学生解决困惑难题。最后，大数据真实评价育人效果，提供针对性改进方案。

（二）增加文化自信

一个国家的发展有赖于民族文化建设。对民族传统文化和价值观的认同感和自信直接影响本民族的荣辱兴衰和国家的整体性意识形态。

儒家思想是中华民族的文化象征，是历代儒者的思想荟萃，是中国乃至世界教育史重要的智慧宝库。儒家文化因其思想先进性和民族代表性，砥砺着无数中华儿女继往开来，不断为文化宝库注入新的思想血液。儒家思想在内容丰富性、思想广度及文化指导性和底蕴层次上，都具有非常雄厚的实力优势。在大学生思政教学中融入儒家思想，能够起到传播、传承和弘扬优秀传统文化的作用，进而增强大学生对民族文化的认可度和自信度。

（三）利于立德树人

中华优秀传统文化的突出体现在于儒家思想极其强调人格修养。从儒家将德行放在人才培养的首要地位，可明晰德行在儒家思想中的重要性。在对崇高道德理想的追求上，儒家不计代价。所谓舍生取义，君子纵使为道德付出性命也绝不吝啬。儒家思想中的君子人格思想对于大学生的道德人格提升有着不容小觑的价值和作用。大学生思政教学中融入儒家思想，能让学生在道德情感上得到陶冶和升华，进而强化自我约束，形成良好的道德行为习惯。思政教学中融入儒家思想的价值在于加强道德规范的内化，提高学生道德素养，利于思想政治教育达到立德树人的根本要求。儒家思想能够从根源上阐释以德树人、以礼立世的行为道德修养及规范准则，促进我国社会主义精神文明建设。

第二节　互联网时代大学生思政协同育人现状及问题

伴随着大学生思政协同育人的开展与推进，虽然在实施过程中遇到了些许困难，然而大学生思政协同育人也取得了一定的成效，这对推动大学生思政教学改革发展起到了积极的作用。

一、大学生思政协同育人取得的成效

（一）主体意识增强

习近平总书记关于意识形态工作的重要论述中强调了人民性，意识形态领域的一切工作都要依靠人民、围绕人民，为了人民群众的根本利益。用该论述中的观点和方法分析大学生思想政治教育，可以看出思想政治教育对象是大学生，因而大学生思想政治教育务必做到"以学生为本"，实现全程、全员、全方位育人。对于大学生思想政治教育而言，学生就是学习的主体。

一方面，当前大学生对于思想政治教育持积极配合的态度，会主动看"学习强国"等网络平台上的思想政治内容，对于高校思政课的学习主动性也比较强烈。

另一方面，传统意义上的大学生思想政治教育更加注重强调思想政治理论知识的灌输，主要以课本教材内容为教育重点，以教师的讲授为中心，在很大程度上削弱了学生作为学习主体的原则。习近平总书记指出，思想政治工作从根本上说是做人的工作，必须围绕学生、关照学生、服务学生。要更加重视和尊重学生在思想政治教育堂的学习主体的身份和地位，通过课前预习活动、课上交流讨论及课后开放性任务的完成及反馈，极大地调动了学生的学习主动性，引导学生学会自我发声、深入思考，使得学生从灌输式教育中得以解脱，从被动性学习转向主动性参与，有利于学生对于知识的内化和升华。学生作为学习的主体性意识得到了很大的提高，思想政治教育实效性自然增强。

（二）理想信念得到强化

首先，多元主体初步形成协同意识，育人主体的主体性和社会性被激发，思想道德水平得到初步提升。通过分析对比部分高校近两年关于大学生理想信念的调查报告得出，八成以上大学生的理想信念呈上升趋势。具体表现为大学生的思想更加积极进步，越来越关心政治，尤其是热点问题；大学生集体观念增强，大部分学生可以把集体利益放在首位；大学生生活态度更加积极乐观，能够以进取的心态追求实用主义；大学生自我意识增强，思维活跃，学习生活中自我教育能力提升等。随着中国社会主义现代化的发展，大学生的理想信念将会更上一层楼，为实现中国梦而奋斗终身。

其次，课程中的德育资源被一定程度的挖掘，马克思主义理论和中国特色社会主义理论成为理想信念的有效支撑。习近平总书记多次在会议上强调要做好大学生的理想信念教育工作，发挥好思想政治理论课的优势。一方面，思想政治教育理论课考查方式多样化，笔试、网课、实践等相结合，在多样化的考核中，学生学习的积极性会提高。另一方面，关于理想信念内容的思政选修课产生，受到大学生追捧，学生的理想信念得到强化。

最后，平台环境得到一定程度的净化，课上课下、网上网下"两联动"陶冶人的精神世界，直面人的生活世界。关于学生理想信念教育的网络端口层出不穷，如"学习强国""e 支部""爱思政"等，学生通过 App、微博、QQ、贴吧等途径随时随地学习，进而强化理想信念。

（三）思政教育师资不断优化

教育者的思想素质修养和知识理论水平很大程度上影响着大学生思想政治教育的效果，高校在重视主渠道建设和发展的同时，更不能忽视对教师队伍的建设，应不断推进队伍建设，健全管理及激励体制机制，保证师资源源不断。其中，突出强调了数量充足、素质优良的师资力量对于大学生思想政治教育工作的推进极其重要。根据问卷调查的结果分析得出，目前绝大多数的教师思想政治水平和理论知识素养都基本符合思政教育工作者的基本标准。同时，高校谨遵习近平总书记的讲话精神，坚持"严格标准、精心选拔、优化结构"的人才选拔方针，从"入口"处严格把关；更加重视构建良好的工作文化环境，组织开展教职工文化活动，教师队伍形成了和谐友善、积极向上的工作氛围；绝大多数高校会定期安排思政课教师参与党章党规的学习及召开重要会议精神领悟讲座，保证思政课教师信仰坚定。

(四)思政课堂主渠道作用明显

习近平总书记关于意识形态工作的重要论述强调"意识形态是一项极端重要的工作",突出强调了习近平总书记对于意识形态工作和建设的强烈重视。意识形态属性作为至关重要的属性与意识形态教育的内容共同寓于高校思想政治教育当中,且其内容也包含了意识形态教育的内容。因此,高校要想通过思想政治教育筑牢学生思想意识防线,必须要强化科学理论的导入,首要途径就是思想政治理论课。通过课堂,实现对大学生政治理论知识的输入和思想的引导。

因此,大学生思想政治理论课承担着教化大学生思想意识、培养学生健全思想的重任,对高校全局建设也有着重要意义。习近平总书记认为,思想政治理论课是实现立德树人根本任务的关键,其作用无法替代。近年来,全国高校谨遵党和国家在高校思想政治教育方面提出的新政策和新要求,把思想政治教育课堂作为教育主渠道进行优化与发展,并将其看作高校一切工作推进的关键和学科建设的中心任务。高校谨遵立德树人的教育发展理念,并将此理念贯穿教育教学全过程,从学校、社会到家庭形成教育的强大合力,全方位、多角度促进大学生思想政治教育的最佳成效。最后,高校也不断提高教学能力、培养师资队伍,使大学生思政理论课极大地发挥其主渠道的作用,实现大学生思想政治教育的最大成效。

二、大学生思政协同育人存在的问题

(一)传统教育的滞后影响

1. 传统教育方法和内容阻碍了大学生思政工作的开展

随着党的发展壮大,马克思主义中国化理论成果日益丰富,中国共产党指导思想体系内容也随之壮大。多数的高校在开展协同教育时,为了避免出现教学内容上的偏差,也为保证教育教学的严谨性和正确性,选择将传统和保守的思想政治教育方式和内容全部保留并加以运用,如思想政治教育和党建工作协同育人实施过程中,在传统教育方式的影响下,久而久之党所作出的新指示、传达的新思想会与传统教学内容产生一定程度的脱离,大学生在学习过程中会将"马克思主义基本原理"和"习近平新时代中国特色社会主义思想"当作完全独立的学科来看,从根本上误导大学生对马克思主义中国化理论成果的正确认识。其次,传统教学内容比较陈旧,若不能及时融入党的新思想理论,不能深入贯彻党的新会议精神,就不能保证大学生思想政治教育的开展坚持党作出的最新指导,高校党建工作和思想政治教育的开展就会产生偏差甚至会产生严重的错误。若思政课教师简单地认为学生"记住背过"就是掌握，只是单纯地进行理论学习，而不去教会大学生如何结合实际正确运用这些科学的理论，那么党的指导思想传达也只是流于"形式"，不能深入人心就不会产生潜移默化的效果，导致大学生面对当今时代的一切新生事物和思潮时，无法结合自身接受的思想政治教育理论和科学指导思想进行正确分析和判断。

2. 互联网技术应用与传统育人模式对接困难

大学生思政协同育人依托互联网科学对平台、手段、载体进行技术置换，革新教育理念和模式，加速思想政治工作科技迭代、思维转型、方法升级、模式优化、效果可视，建构信息化、个性化的思政实践新模式。互联网逻辑与思想政治工作人文本质疏离等问题，影响了思政协同育人达成推动大学生的思想、情感价值观及行为向符合现实要求和社会角色转化的既定目标。

其一，互联网数据对思想政治工作主体思维改造浅显。互联网数据强调全部而非随机、混杂而非精确、相关而非因果三种思维方式，并要求主体以这三种思维方式审视工作对象。经实证调研发现，大学生思想政治工作主体育人思维受传统教育观的影响仍然较大，运用大数据全样、混杂、相关思维方式剖析思想政治工作主体、对象、环体、介体等要素关系的积极性还比较欠缺，其在工作中对大数据理性思维、数据思维、推理思维、全样思维、整体思维、伦理思维的运用较少。总的来说，在当前大学生思想政治工作中，互联网的数据思维作为世界观和方法论的指导意义还需要提升，以强化教师在全样本中剥离个体规律、在混杂数据中识别有效字段、在相关关系中揭示思想政治工作一般规律和个体规律的精准性。其二，互联网技术与思想政治工作手段嫁接生硬。大学生思政教育工作者往往通过大数据"技术赋能"对思政课堂、新媒体平台、在线学习网站、App教学产品、微信公众号、论坛贴吧、虚拟现实平台、线下育人基地进行技术提升，然而在实际教学中大部分高校并未形成个性化、定制式的思政教育。

（二）教师队伍协同育人的热情不高

教师队伍是协同育人的主要力量，协同育人依托于他们的主动参与和积极互动。但现实中，教师队伍面临各自的考核和发展压力，对于协同育人的热情和积极性不高。

首先，思政课教师教学科研压力大，无闲暇时间参与协同育人。思政课教师的考核晋升指标中，学术论文的发表是其中之一，但现在许多教师也面临着"发文难"的问题,尤其是核心期刊、"C刊"等更是"一版难求"。同时,部分高校对新进青年教师提出了严苛的考核招聘条件,如果其入职几年内完不成要求的教学科研量,就面临着"非升即走"的问题。

其次,学工系统教师事务性工作繁重,不愿增加负担。以高校辅导员为例,教学中各种烦琐性事务基本都落在辅导员身上,事务性的工作繁重,不少辅导员甚至产生焦虑情绪,不愿再额外增加负担。"无论什么事,都找辅导员,光处理日常事务就够我们焦头烂额的了,一到开学毕业,还要加班加点做表开会,所以只要不要求大家干的,谁也不愿意给自己额外找活了。"一位辅导员老师说出了自己的看法。而其他的学工系统,因为自己所负责的工作不同,在不同的时期也会出现常态化加班情况,例如每学期初的学生处、毕业季时的就业中心,都因学生在一定阶段的需求增加,出现人手不够、事情琐碎、任务繁重的问题,这种情况下完成本职工作已属不易,更是对协同育人工作无暇顾及。

(三)缺乏完备的顶层设计

顶层设计的关键性体现在:一是具有方向上的引领性,高校人员在顶层设计的引导下,明确工作目标和任务,激发工作的主动性,协调行动,减少盲目性,同时顶层设计还发挥约束和监督作用,指导各要素有序参与协同工作,约束不良行为,提高工作效率;二是具有方法上的指导性,大学生思政协同育人出现问题时,顶层设计能有效地厘清问题的先后顺序,促使人员迅速找到问题的原因,对症下药,高效完成协同育人工作;三是具有内容上的统筹性,大学生思政协同育人顶层设计必须站在切合实际的高度,才能有效统筹各要素的协同工作,及时避免工作冲突、责任冲突;四是具有行动上的实践性,在目标的指导下,协同育人顶层设计只有有效落实,发挥其操作性,才能促进育人工作的高效贯彻和执行。

目前,大学生思政协同育人的顶层设计虽已初步形成,但还不够完备,做不到密集出炉、衔接有序。具体表现有:一是顶层设计的决定性不够有效,协同育人理念与总目标源于顶层,然而思政协同育人工作的地位不够突出,导致成效甚低;二是顶层设计的整体关联性不够强大,各要素在顶层设计的决定下,围绕协同育人理念和目标所形成的关联性不强,各要素各行其是,缺乏要素间的衔接和匹配;三是顶层设计的实际可操作性不强,思政协同育人工作处于探索期,育人成效初步形成,仍需抓住本质进行有效设计。

因此,制定有战略高度的顶层设计,实现协同育人自上而下有效衔接,需要站在全局高度,贯彻协同理念,集中有效资源才能实现。

(四)工作中缺乏长期稳定的沟通合作

近几年来,协同育人被教育部门和高校日益重视,但长期以来缺乏沟通交流的传统教育模式和方式,导致双方在教学过程中缺乏深度的沟通和联系。

一是教育管理部门各自存在差异,跨部门的合作存在一定阻碍。主渠道与主阵地育人的管理涉及学校许多机构,但两者的部门归属不同,难以深入融合。课堂教学的主渠道主要归马克思主义学院、教务处、研究生院等部门负责,他们隶属于马克思主义学院;而大学生日常思想政治管理工作则由学生处、院系学生办、就业中心、心理辅导中心、团委等部门负责,其中,辅导员、班主任由学生处和院系共同管理,而其他心理辅导老师、就业指导老师、团委老师等大多为所在部门的专职或兼职教师。虽然二者之间都处在学校党委的统一领导之下,然而大部分人不会主动去寻求沟通,这些部门和两支队伍多数时间停留在各自管理、各自教育的阶段,即使有交流,也都是表面上或短时间的活动组织上的合作,没有建立起有效的跨部门沟通和交流机制。

(五)"全方位育人"机制未深度落实

在育人过程中,课堂、家庭、社会等教育的缺失实则是"三全育人"联动机制中的"全方位育人"工作机制没有深度落实。"全方位育人"代表着"三全育人"体系坐标中的空间坐标,标志着各要素的活动范围,学校、家庭、社会及其他教育场所构成了这个"全方位",在学校、家庭、社会中呈现出来的问题可以从以下两个方面分析。

从教育环境的开放程度分析,依据空间的封闭与否,可将教育环境分为封闭式空间(现实育人中的课堂教学)和开放式空间(虚拟网络上的教育)。二者对应了传统的课堂育人和新兴的新媒体育人,作为传统的育人工作主阵地的课堂在新时代被以虚拟网络为载体的新媒体教育所取代,这让传统的课堂育人中自上而下的"填鸭式"教育无所适从,传统教育中,教育者会借助课堂形式将受教育者牢牢拴在课堂上,形成无形的强制力,进而忽视了受教育者内心的真正感受和诉求。而开放包容的虚拟网络平台上的教育一定程度上让受教育者有了选择教育资源的自主性,摆脱了物理空间上的限制,逐渐地让教育者在这种看不见、摸不到的环境中丧失了强制约束力。当这种优势不复存在后,那种优质的教育资源更能赢得受教育者的关注和认可,进而会引入类似于商业竞争的"教育竞争",让更优质的教育资源被更多的受教育者认可,便会直接影响到整个社会,乃至国家的育人发展方向。其实不论是现实环境还是虚拟网络环境教学应该并重,不能轻视任何一种教育教学形式。新冠肺炎疫情暴发后，全国的学生都按照教育部统一要求在家上网课，这种所有科目都上网课是有史以来第一次，就连体育也不例外，这让很多老师无所适从。不知道如何提升自身存在感\不知道如何互动等问题都暴露出平时教学形式的单一性。

（六）缺乏完善的制度体系

制度体系保障的重大意义体现在：一是具有方向上的引导，通过制度的规范，引导不合理的协同内容和方式，保障思政协同育人朝正确的方向发展；二是具有内容上的规范，各要素出现协同危机，制度应给予及时的规范；三是具有行动上的指导，指导各要素按制度进行协同，并用制度保障协同行为的顺利进行。

然而，大学生思政协同育人的制度体系并未实现上下统一和左右衔接，做不到不愆不忘、率由规章。具体表现：首先，高校多元主体和部门协同育人的协同、监督、评价等制度不完善，如部门及人员合作意识淡薄、相互推卸责任、协同危机监管不到位等；其次，课程协同育人制度不完善，思政课程向"课程思政"转化的效果不明显，缺乏考核和评价制度；最后，高校在育人平台上缺乏制度的约束，学生逃课现象严重，网络和校园环境纯洁系数和安全系数不高，学生受到潜移默化的正影响不深刻。

（七）教育者信息化动力不足

互联网时代，网络也越来越成为教学当中必不可少的工具，为教育教学改革创新提供了机遇，有利于增添课程吸引力，提升教学质量。互联网时代各行各业都争先恐后地应用、研究信息技术，致力于提升自己的核心竞争力。与此同时，大学生思想政治教育也在逐渐引入信息技术，提升思想政治教育的实效性。快速变化的教学环境，对于教育者的要求比较高，需要教育者对于信息技术有一定程度的掌握，能够甄别真假数据信息，处理学生数据。通过对数据的分析了解学生，针对学生思想行为状况提出有针对性的教学方案，并且教育者也要学习智能化设备。大学生思想比较活跃，接受事物速度快，但缺乏系统性，需要教育者利用学生碎片化时间进行稳定教育，让学生在网络中潜移默化地接受教育，例如利用微信群组推荐学习信息和重大新闻事件，建立公众号实时推送学习资讯，形成线上线下相结合的教育模式。

第三节　互联网时代大学生思政协同育人策略

一、构建家庭、社会、学校联动育人体系

（一）加强家校联系，开展良好的家校互动活动

家庭的影响对大学生的主流意识形态发挥一定的作用。家庭教育作为兼具双重属性的一种行为实践，既具有尊重人的天性成长的自然属性，也有引导人的行为符合角色规范的社会属性。家庭成员之间具有特殊的、独有的黏合方式和情感联系，能够基于亲情感化、言传身教、心灵沟通、生活互动、角色配合等方式，强化大学生的家风家训、亲情观念、敬老爱小、邻里关系、人生挫折、人格、性格、习惯教育。

1. 开展家校共育

家庭作为大学生生活和实践的重要场所，其成员对此课程的态度影响着大学生对此课程的认知。良好的家庭认同氛围的构建可以以"润物细无声"的隐性教育方式引导大学生对此课程认同。

学生在进入学校接受教育之前，家庭教育已经在他们身上留下了深深的烙印，这些烙印也许有利于学生的道德发展、人格完善，也许不利于学生的成长。而这些家庭教育的信息需要思政课教师与学生家庭进行深入的沟通交流才能更加全面地掌握。因此，思政课教师可以通过实地家访、电话沟通、开家长会等形式与学生家长进行信息交换，制订更完善的学生德育计划，促进学生的健康发展。

家庭教育对子女具有得天独厚的亲和力和深远持久的影响力，因此家长要注重家庭教育环境的构建，以此为子女的健康成长创造良好的家庭环境。具体可以从以下三个方面来努力：其一，家长对高校思政课的态度是子女正确定位此课程地位的重要参考因素，因此家长要改变传统观念中思政课程是"副科"、学不学无所谓的错误观念，树立正确的成才观，正确认识和定位此课程在子女德育培养和能力提升中的重要作用；其二，大学生对事物和行为的辨析能力还有待提升，非常容易把家长的言行作为他们模仿的对象，因此家长要严格要求自己，以身作则，给子女的道德培养做好道德示范；其三，建立家长、学校、教师沟通机制，及时掌握和熟知子女的思想状况和行为表现，一旦发现问题，通过双方共同努力，及时帮助子女纠正错误观念和行为，保证子女沿着正规的路径前行和成长，同时也能通过这种方式让子女进一步感受到家长对此课程的重视，提高他们的学习

动力。

2. 完善学生家长的监督权力

协同育人一定要实现权力的监督、监管，保障权力不滥用。协同育人系统中，学校党委、职能部门、教师个体都拥有一定的权力，他们是否参与协同育人、协同积极性如何、协同工作参与度如何、协同效果如何，这些都需要有人监督约束。因此，完善的协同结构应具备监督监管的功能，借助学生、家长等外部力量，无形中给权力拥有者压力，促使他们主动参与协同育人工作，让权力在正常范围内使用，更加透明、更加公正。

（二）拓展社会实践，开展和谐的社会互动活动

1. 拓展社会实践

无论是价值观念、必备品格还是关键能力，都将在社会实践中得到检验并不断发展完善。比如厚植爱国情怀是思政课的重要功能，大学生和高校教师既可以在教室中开展教学活动，深化学生对祖国的情感；也可以带领学生祭拜革命烈士、参观战争博物馆等，深入了解国家曾遭受的苦难、更真切地感受革命先烈的大无畏精神，树立为国奉献一生的志向。因此，根据教学内容需要，适当地开展社会实践活动，充分利用当地的教学资源，加强学生与社会的互动，有利于拓宽学生视野、深化学生的乡土情怀、培育学生的爱国情感。

在社会实践中，社会风气的好坏在很大程度上对思政社会实践效果产生了影响。社会风气和社会环境的好坏影响着大学生对高校思政课的认同，因此整个国家、社会和各个部门要协同努力，共同为大学生养成过硬的思想政治素质和正确的价值观念提供一个良好的社会认同氛围。

2. 要建设协同互助的校外队伍

通过建立校企战略合作网上协议，构建同步、智能、交互的"产、学、研"三位一体育人网络，为学生学习、实习、就业搭建大数据网络平台，共建"创客空间"、孵化园、实验室、联合培养实验班等项目，加强人才培养、科研项目、技术攻关深入联合，结合企业科普实践、技术创新、文化价值、发展历程、创业名人、行业模范，强化大学生思想价值观教育。大数据背景下校企协同育人要重视大学生分类定制培养，统筹大学生理论和实践、校内与社会、第一课堂与第二课堂多种教育资源，共享优质数据、智库、平台、技术、行业、资产，促进课堂育人与实践育人在内容、作用方式、效果等方面的反馈互补，创造性地把高校思想政治工作与行业领军人才需求进行精准化的前端对接，让理论与实践在校企合

作中"打结",全方位培养大学生思维创新、实践技能、专业素养、学科兴趣、团队精神、社交方法、求职技能、职业规划意识、应变能力等。最后,构建学校政府协同育人队伍。政府对高校思想政治工作既有"管""引"的责任,又有参与、协助、配合的义务。

3. 构建社会实践与创新创业相融合的实践体系

社会实践和创新创业同为大学生融入社会、认识现实、培养社会责任感、创新思维、发现新知的重要途径,是马克思主义认识论在当代大学生身上的鲜活体现。大数据时代促进高校思想政治工作实践育人转型与适应,要发挥数据"催化"作用,加快社会实践与创新创业在目标、思维、过程方面的融合,使二者从内在机理到外在形式形成"默契",建立体验式、感受性、综合性实践育人体系,让大学生在"学"和"用"的统一中成长成才。高校组织大学生参与社会实践活动在于通过"知"与"行"的转换和迁移,把理论思考转换为行动自觉,在身体力行中提升理论认知,将其深化为自身的价值标准和道德准则。而高校鼓励大学生创新创业旨在发挥大学生自身在创新创业项目中的创造力、自主性、事业心,强化大学生的敢于创新、积极进取、自力更生、终身学习的观念意识和能力。从本质上看,社会实践和创新创业目标的共同性在于实现大学生理论解释实践与实践升华理论的双向驱动,促进知行统一。随着互联网在高校思想政治工作中的嵌入加深,高校应当进一步促进社会实践与创新创业在思维上的融合。

二、构建全方位的思政育人体系

大学生思政教育的有效开展,要从课程协同、教师协同,环境协同三个维度出发,构建全方位的"课程思政"育人体系。首先,课堂环境。教师在课堂上配合丰富新颖的课堂教学手段,辅以出色的授课能力对学生进行全方位的课程教学和价值观培养。其次,校园环境。校园是弥补高校思政教育短板的重要载体从而形成一个"育人为本,德育为先"的教育环境,寓教育于环境。最后。网络环境。如今的学生人人都上网,移动终端的发展更是为学生上网提供了便利。因此,教导学生通过网络学习也是每个教师应尽的任务。这三个环境都是育人的有效载体,合理运用且发挥他们的协同作用对于"课程思政"的开展有着积极作用。

(一)营造思政教育的育人环境

首先,课堂教学是立德树人的根据地和大本营,一切的知识传输和德育培养在这里出发和进行,学生在这个环境中的注意力更加集中,教师的教育也更有针对性和合理性。针对学生的具体情况和需求，教师可在课堂上进行正确的教导。课堂上的互动，也是学生对于自我价值探索和教师引导的过程。其次，社会实践的环境是对课堂教学的补充和检验。课堂的环境井然有序，而社会的环境相对于学校更加自由。学生在这个环境中更加放松，从而容易展现出自然和本来的一面。这方便于教师及时发现学生行为、品行中出现的问题，对症下药及时解决。另一方面，突发情况和临时场景所出现的问题是难得的教学素材，只要教师懂得合理运用，便可取得较好的教学效果。此外，高校教师可发挥互联网环境的优势，扬长避短。例如引导学生完成"学习强国"的学习，打卡"青年大学习"，并将完成程度纳入期末考试成绩，发挥不同育人环境的优势及特色。

（二）树立"全员、全过程、全方位育人"理念

互联网时代，坚持"全员、全过程、全方位育人"理念在于遵循思政协同育人规律，打破传统基于高校教师与学生之间的孤立的单维教育链条，形成由政府、高校、家庭、社会等多个主体共同建构的形式上各自独立，但在机制上又相互关联、交互的育人场域，利用育人场域内多个成员主体、多种育人资源、多重育人空间的能动性作用协同运转、相互配合，形成思想政治工作合力。

首先，坚持"全员育人"理念。校内教职工、家庭成员、政府官员、社会组织都负有大学生成长成才引路人的责任，是"全员育人"系统的子要素。"全员育人"理念视域下，要以系统思维和整体视角考察高校思想政治工作，把政府、高校、家庭、校友、企业、社会组织等一个个独立的集群看作是子系统，子系统之间依托大网络、数据流、连接键，连同周围的空间、时间、介体、信息共同构成开放、包容、联动的思想政治工作有机体，营造校家、校政、校企、校社等互联共通的"大政工"实践格局，要素之间基于交叉、互动、共话、协同、合作关系实现组合优化和效果集成。

其次，坚持"全过程育人"理念。"全过程育人"理念视域下，思想政治工作基于大学生成长这一主要线索在时间上保持一个长期的持续过程，其工作主体根据大学生在不同成长阶段的学习需求、思想特点、社会心理，采取不同的工作方案，将思想政治工作贯穿于大学生成长的每一个阶段和过程。高校要抓准大学生从进校到毕业、从在校到假期、从上课到周末等时间转接节点，利用大数据全天候、全时段追踪大学生思想行为变化，采取课上与日常、显性与隐性、正式与非正式教育有机结合的实践育人方案，强化大学生政治、思想、品德素质的全方面培育。

最后，坚持"全方位育人"理念。"全方位育人"理念视域下，高校要以空间中存在一切工具、形式、方法、手段为中间载体，赋予各个中间载体以关联关系，将思想政治工作融入大学生校园生活的方方面面。高校要借助线上网络新媒体、三微一端、App平台、微课慕课、大数据云计算中心等信息网络，全方位为大学生提供服务，包括自动化测评大学生综合素质、公正评比奖学金、精准对接贫困生资助帮扶、大力宣传网络文化精品、建设网络心理辅导室、加强学风校风宣传、加快学生组织信息化建设与管理、建设大学生征信体制等，同时利用线下课堂、校规班规、红色展馆、家风文化、社会热点等资源协同，形成多渠道、多维度、多层次的"全方位育人"格局。

（三）全面细化育人举措，畅通内外衔接

首先，协同育人力量，提升育人执行力。学校开展育人工作，需要校内所有大学生和高校教师承担育人职责、发挥育人作用，还需家庭和社会的协同配合，以立德树人为共同目标，引领学生树立正确的人生观、世界观和价值观。因此，要健全校内外育人沟通、监督机制，围绕"十大育人体系"在育人资源利用、育人作用发挥情况方面共享信息、共同探讨、解决问题；学校与家庭、社会要围绕是否正确引领学生的思想价值观互相交流、监督，在此基础上，学校应综合考察校内外育人目标是否一致、育人内容是否相互承接、育人效果是否持续深化，综合考查学生对知识与价值关系的认知程度，集思广益共同解决育人过程中的问题，优化育人内容、改进工作方法、创新工作载体。

其次，整合、共建优势育人资源，实现资源共享。校内物质文化和精神文化就包含育人导向的资源，包括良好的学风、师德师风、校风、内含寓意的标志性建筑物等及"十大育人体系"各方面的育人资源；校外有各种爱国主义教育基地、中华文化教育基地等；家庭有家风、家训等。这些育人资源要按照育人内容的不同，分门别类地整合，同时开发网络育人资源，实现基础教育到高等教育的育人资源有效利用与共享。高校要充分利用线上育人资源，与线下资源形成优势互补，有选择地连接其他地区育人资源，实现不同地区育人资源互通共享；要结合地方特色，共建育人资源，注重用好家庭资源，实现校内外育人资源的对接补充。

最后，覆盖全场域，促进互通融合。要实现"三全育人"，落实立德树人根本任务，需要各部门、各主体"守好一段渠、种好责任田"[①]，全面抓住影响育人

---

① 习近平：把思想政治工作贯穿教育教学全过程　开创我国高等教育事业发展新局面[N]．人民日报，2016-12-09（01）．

效果的场域，实现各方面的有效互通、协同衔接。

一是要推进课内外衔接。课堂教学是教书育人的主渠道和主阵地，通过多样、丰富的内容及传统和现代方式、载体，帮助学生理解知识，并内化于自己的知识体系之中。但还需要课外教学活动来帮助学生深化对课堂教学内容的认识，达到理性的高度，同时付诸实践。这需要学校各部门、各岗位的育人主体协同社会、家庭结合课堂教学内容，共同通过校园文化活动、教学体验、社会实践、志愿服务等活动形式，带领学生亲身体会以帮助他们深化认识，引导他们付诸实践，逐步形成良好的行为习惯、品德素养。二是要推进在学与假期的衔接。学生在校学习是有组织、有目的、有针对性的，而假期学习除了定量的课业任务就得靠自主学习。各级各类学校要根据各年级学生身心成长特点、教学目标、假期时间，设置合理、多样的实践主题，联系家庭、社会育人主体共同引导学生独立完成。

（四）形成大学生思政协同育人机制

我们应明确每个环境都有其劣势之处，解决之道便是将三者有机结合，实现联动，对思政教育的育人格局起到协同效应。其一，课堂教学中教师仍为主动，缺乏互动性和趣味性，容易令学生丧失注意力。其二，社会教学环境需要寻找适合教学内容的地点，否则易陷入形式主义的尴尬境地。其三，互联网大环境具有虚拟性和不健康信息，学生难以辨别。所以，为了达到育人环境协同的目的，需要从以下五个方面着手。

第一，课堂上和课堂下、线上与线下的育人要确立共同的目标。归根结底是落实立德树人的根本任务和培养德智体美劳全面发展的新时代大学生，需要厘清两方面联动的关系。在此基础上充分利用好思想政治教育的资源，打造与时俱进、充满正能量的校园文化。

第二，无规矩不成方圆，任何模式开展需先制定合理的制度，需结合校园特定实际客观情况，充分发挥教学环境的联动性，与高校育人同向同行。线上线下的联动模式能否成功实行，取决于是否有合理的监管制度，任何事物都有积极性和消极性，正确的监管制度可保证充分发挥联动模式的正向积极作用，摒弃互联网端消极信息。

第三，执行过程需贯穿教学过程始终。课堂上教师引导学生建立健全的思想品格，学生在对课堂保证兴趣的同时在线上教学仍能保持和教师的互动与呼应，在这种全员参与的模式下完成环境的协同作用。总之，统一的目标、合理的管理制度及全面的互动，可充分发挥环境协同的积极性，对培养合格社会主义接班人起到事半功倍的效果。

第四，完善专业协同育人生态系统。打造各专业"课程思政"协同育人生态系统的核心在于顶层设计、关键在于组织架构、重点在于全面细致。

第五，打通专业协同育人渠道。畅通各专业"课程思政"协同育人沟通渠道主要是在课程协同、教师协同、管理者与教师之间的协同三方面。

三、思政课程与"课程思政"协同育人

（一）思政课程与"课程思政"协同育人现状

1. 思政课程与"课程思政"协同育人机制有待完善

高校是一个层级较为分明的教学科研组织机构，各个层级履行着各自的职责和使命。当一种新生事物出现之初，由于对其认识存在相对局限性，造成责任划分及责任配合出现"真空"。高校"课程思政"的出现，就其责任主体的层级看，主要有学校党委行政、教务处、教学院（系）、任课教师。推进"课程思政"中如何明晰各层级责任，在考察大部分高校之后，我们很难在考察的高校中发现有健全的责任体系。虽然"课程思政"协同思政课程在推进，但大部分高校还处在比较混沌的状态。从学校党委行政看，大多停留在发文开会层面，以文件会议推进工作；教务处则以项目布置。在责任主体的核心环节——教学院系、教师，因为没有明确的责任要求，"课程思政"的推进大多处于自愿状态，教学学院、教师积极性不高。

2. "课程思政"协同思政课程推进程度不平衡

推进"课程思政"存在的学院（系）与学院（系）之间的不平衡，主要有以下几方面表现。一是重视程度不平衡，有的学院（系）重视，行动迅速，有的学院（系）不太重视，行动迟缓。二是推进力度不平衡，有的学院（系）积极响应中央要求和学校部署，采取得力措施鼓励和激励教师开展"课程思政"理论和实践探索，"课程思政"的责任主体——教师的责任意识、创造意识得到充分发掘；而有的学院（系）停留在一般号召、一般布置，没有拿出有效的激励措施，"课程思政"的责任主体——教师的责任意识、创造意识没有激活，"课程思政"推进举步维艰。三是推进的成效不平衡，思想上重视、措施上得力的院（系）能够获得较多的项目、经费等资源，从而产出较多的"课程思政"成果；而思想上不重视、措施上不到位、行动上迟缓的学院（系）在项目、经费、成果等方面相形见绌；等等。

3. "课程思政"协同思政课程的意识不强

"课程思政"协同思政课程，最终落实到高校专业课程任课教师身上，因此高校专业课程任课教师是"课程思政"协同思政课程的责任主体。中国几千年的教育史，可以说是以思想道德教育为主导的教育史。从近代以来，西方高等教育的模式开始引入中国，高等教育在中国的发展，一方面翻开了中国教育发展的新的一篇，另一方面，从高等教育进入中国开始，就是借鉴了西方高等教育模式，甚至可以说复制了西方高等教育模式，开启了以专业教育为主题的新的历史。不容否认，现代高等教育在中国的兴起和发展促进了中国科学技术及经济社会的发展，缩短了与西方的差距。但是，传统的道德教育开始淡出人们视线。虽然党中央一直重视高校思想政治工作，但是一直以来，部分教师错误地认为大学生思想政治理论课挤占了专业课程的课时安排。推行"课程思政"，同样遇到不少阻力。

4. 各类课程差异明显，难以发挥"共振效应"

课程是教学的重要载体，各类学科课程都有不同的教学目标，在各自的学科领域下划定了课程教学的内容范畴，基于前两者形成了相关的课程评估体系标准。新时期"课程思政"和思政课程建设过程中首先面对的就是其课程覆盖面广泛的实际情况，思政课程与其他专业原有课程之间衔接精准度不高是当前工作面临的一大困难。在不消解各类课程原有教学目标科学化和教学内容专业化的基础上，都种好"责任田"发挥思想政治教育功能是当前落实思政课程和"课程思政"协同育人的重点和难点。就目前状况来看，由于原有各类课程在教学目标和内容等方面存在明显差异，冲击了思政教育目标的实现并且挤压了协同育人空间，这也是不同学科课程协同共振面临的现实困境。

（二）思政课程与"课程思政"协同育人的路径

思政元素的分专业挖掘：文学、历史学、哲学类专业以研究人类社会和文化思维为主要任务，这些学科"课程思政"元素的主线应立足人文社会科学兼容并蓄和厚重内敛的特质，围绕文化底蕴的人格滋养和基本立场的稳定确立予以展开；经济学、管理学、法学类专业以服务、治理社会生活为主要任务，这些学科"课程思政"元素的主线应立足通达睿智、理性科学的特质，围绕经世济民和服务社会的价值塑造和理想培育予以展开；教育学类专业以教书育人、培育英才为主要任务，这类学科"课程思政"元素的主线应围绕立德树人和铸魂育人根本使命的达成予以展开；理学、工学类专业以科技强国、笃行创新为主要任务，这些学科"课程思政"元素的主线应立足刻苦钻研、甘于寂寞的特质，围绕追求真理、科技报国的家园情怀和使命担当培养予以展开；农学类专业以持续发展、科技增产为主要任务，这类学科"课程思政"元素的主线应立足造福人类、高产的特质，围绕生态文明理念树立和强农兴农理想的培养予以展开；医学类专业以救死扶伤、妙手仁心为主要任务，这类学科"课程思政"元素的主线应立足精进业务、净化品德的特质，围绕精湛医术和医德医风的统一教育予以展开；艺术学类专业以文化涵养和文明传播为主要任务，这类学科"课程思政"元素的主线应立足强化美育、传播美好，围绕积极弘扬中华美育精神和正确艺术观、创作观培育予以展开。

四、主渠道和主阵地协同育人

（一）主渠道和主阵地的联系

1. 教育过程的融通性

从课堂理论教学到课外活动实践、从线上面对面交流到线下人与人沟通、从虚拟慕课到现场教学、从日常渗透到具体领悟，大学生思想政治教育过程既包括知识技能的教授，也内蕴品质和道德的涵养。可以说，整个育人过程是一脉相承、环环相扣的，具有融通性和延续性。

主渠道与主阵地共同分担着育人过程的具体环节和任务。先就课堂教学过程而言，主要是帮助大学生树立正确的认知，即正确的世界观、人生观、价值观，如此方能在实践中尽量少走弯路，避免误入歧途。再就日常思想政治教育过程而言，强调通过活动建设、平台打造、学科竞赛等多种载体形式和合理育人途径，来贯通"知"与"行"、理论与实践之中的有机联系，进而帮助大学生在整个成长成才过程中更好的学思践悟。不论是主渠道还是主阵地，两者在育人过程中，都是互为渗透、相互影响的。离开理论教学过程，实践活动开展就缺乏了理论指导这个重要前提，离开实践育人环节，理论讲授就会因变得抽象空洞而让人无法真学、真懂、真信。"知者行之始。行者知之成"（《传习录·卷上·门人陆澄录》），注重"知"与"行"的过程融通性，必须坚持理论和实践育人过程的交叉性、关联性和互补性，这是新时代思想政治教育应该强调的重要方法论。

2. 教育内容贯通

毋庸置疑，主渠道与主阵地在具体教育内容上是有不同侧重的。思想政治理论课更强调理论灌输、意识形态教育、社会核心价值观培育、法治观念养成、历史知识学习等思想观点、政治素养、道德品质方面的内容；日常思想政治教育则较为注重提升大学生锻造良好的生活习惯、学习态度、实践能力等方面的能力。但是，这两方面的教学内容是不能相互割裂开来的。

一方面，理论是用来指导实践的，假如只注重理论讲授而忽视实践能力，那么思想政治理论课的实际意义与影响力必然大大削弱，理论学习不能学以致用势必让大学生对理论教育内容失去兴趣，甚至产生逆反心理。另一方面，理论失之毫厘，极易导致实践谬以千里，假如大学生日常活动的开展缺乏理论指导，容易导致行动变得盲目而无所适从。就拿爱国来说，究竟怎样才是真正的爱国，这个更深层次的理论问题如果不弄清楚，大学生在具体的爱国活动进行中，一不小心就会变得偏激或盲从，有的甚至哪怕拥有爱国心实际却做出了伤害祖国之行。

（二）主渠道和主阵地协同育人策略

1. 发掘协同的合理切入点

将"以学生为本"作为两者之间的协同的出发点。教育要凸显"学生为本"的要求，协同就要从学生出发，从学生感兴趣的点和未来发展的需求出发，发现主渠道与主阵地协同的切入口。例如主阵地日常思想政治教育的渗透性强、覆盖面广，或与学生利益关系密切，如日常管理服务；或与学生兴趣吻合，如网络阵地建设、社团活动等；或与学生成长需求契合，如心理健康教育、自我管理与服务、校内外兼职时间、竞赛演讲社交；或对学生未来发展有利，如党团组织角色扮演、职业规划、政治社会化。这些都是与学生健康成长和现实需求密切相关的，那么思政课教学可以有针对性地与之结合，使教学内容更加契合学生发展的要求。

2. 抓住协同的最佳时间点

协同需要"同频共振"，而同步同频就要利用好教育的最佳时间点，在重大节日、纪念日、学生发展的重要阶段、社会热点事件发生和思政课教材讲授顺序等时间节点上，做好主渠道、主阵地的协同育人，发挥协同的最佳效力。

一是抓住重要纪念日开展"四史"教育。大学生思想政治教育，要对学生做好党史、新中国史、改革开放史和社会主义发展史学习教育，而历史纪念日就是抓好"四史"教育的重要契机。在重大节日、纪念日来临时，既要结合教学大纲在思政课课堂上开展"四史"的历史知识讲解和现实意义解读，培养、塑造学生的家国情怀和使命担当；也要适时在日常思想政治教育中开展专题实践活动。例如3月5日开展学雷锋活动，组织校内园志愿服务、宣传雷锋精神等；清明节开展缅怀革命先烈活动，邀请革命前辈讲历史故事、观看爱国主义影片等；七一庆祝党的生日，讲授我们党走过的光辉历程、举办红歌比赛等；十一国庆节组织"祖国巨变""家乡变化"相关主题的征文比赛、演讲比赛等；香港、澳门回归纪念日讲授"一国两制"制度优势，组织两岸关系主题讲座等。

二是抓住学生发展的重要节点组织适应教育。新生入学、考试周、就业期、毕业季、校庆日等都是思想政治教育需要把握的重要时间节点。在这些时间点上，思政课和日常教育要充分利用良好的氛围和时机，对学生进行适应教育和适度引导。例如在毕业季，面对学生可能出现的初入社会的焦虑感和离开校园的失落感，思政课教师可以在教学中与学生讨论个人理想实现、公民道德建设和社会法律法规遵守等相关话题，帮助学生掌握毕业后所需要的知识；而在日常教育中，辅导员可以结合学生毕业的相关活动，组织开展感恩母校留言、给未来的自己写一封信等活动，帮助学生提前做好进入社会的心理准备，缓解角色转变的不适感。这样，让学生在理论和实践的双重影响下，能够尽快适应大学生活的各个阶段，更好地规划自身的学习生活和未来发展。

三是抓住社会热点事件进行意识形态教育。意识形态工作是党的一项极端重要的工作，高校作为意识形态工作的前沿阵地，必须肩负起职责，做好意识形态教育。社会热点事件的分析解读就为意识形态教育提供了很好的素材和机会。例如受新冠肺炎疫情影响，社会局势复杂多变，在这一特殊时期，思政课教师和辅导员就要抓住热点舆情发酵和学生心理需求，通过疫情中的真人真事和数据公开，让学生看到党和政府在社会卫生事件中的治理能力和积极态度，体会到中国特色社会主义的制度优势，认清错误言论背后的本质诉求，从而不被迷惑，保持良好心态。

四是针对教材讲授顺序安排主题教育。思政课教学往往有规范的教学大纲要求，教材的编写顺序也契合学生的前置知识储备和接受能力，为教师的教学提供时间参考，而日常思想政治教育相对灵活，没有严格的时间节点规定。因此，为实现协同，帮助学生知行合一，要注重两者课程讲授顺序的对应和契合。

3. 针对教材讲授顺序安排主题教育

思政课教学往往有规范的教学大纲要求，教材的编写顺序也契合学生的前置知识储备和接受能力，为教师的教学提供时间参考。而日常思想政治教育相对灵活，没有严格的时间节点规定。因此，为实现协同，帮助学生知行合一，要注重两者课程讲授顺序的对应和契合。

第六章　互联网时代大学生思想政治教育改革路径

本章主要论述互联网时代大学生思想政治教育改革路径，分别从优秀传统文化和大学生思政教育融合、基于互联网平台的思政课改革、大学生思政教育采用新型教学方法、大学生思政教育中融入 VR 技术这四方面进行详细介绍。

第一节　优秀传统文化和大学生思政教育融合

一、优秀传统文化的特点

（一）继承性和创新性并存

传统文化的继承也同样继承了多样性。其中，继承传统习俗是主要形式，继承传统文艺也是其中的重要部分。中国是文化史上唯一未曾中断的文明古国，它在时代演变的过程中保留了其基本特色。它也能够依据时代变迁随事而制，不断填充新的具体内涵。21 世纪的今天，中国的传统文化内涵与精神实质仍然流淌在我们中华儿女的血脉中，依然是当今中华儿女行为方式和生活习惯的指导思想。

中国的传统文化之所以没有在历史变革当中被消亡，最重要的原因就是它能够依据时代变革，不断推陈出新、创新发展。它在汲取前人智慧的基础上又不断创新，结合时代需求形成新的理论体系，如此循环往复，逐渐形成并发展成熟。此外，它能够积极汲取各民族及其他国家的优秀文化，在交流发展中不断包容、融合，进而达到其创新发展的目标。

（二）独立性与通融性并存

独立性主要是指传统文化以中华民族为主体创立，并逐渐发展成为我国独特的文化体系。中国独特的方块汉字及语音系统、以藏象学说为核心的中医药理论体系、风格独特的戏曲音乐、诗情画意的中国书画等都是中国传统文化的典型代表。它对于外来文化具有强大的通融性和批判性。对待外来文化，我们秉持"洋为中用"的原则，在批判的基础上加以继承。源于古印度的佛教于公元前1世纪前后传入中国本土，于隋唐进入繁荣鼎盛时期，后与"儒教""道教"三教鼎立，呈现出宗派林立的景象。正是这种强大的通融性和理性的批判继承，使其能够在世界文化中发挥其主体性地位，在现代社会中充满时代活力，增强我国在当今世界中的文化软实力。

二、优秀传统文化的价值

（一）蕴含中华民族传统美德的人格修养

中国传统文化一大核心内容就是儒家文化，儒家文化的核心就是伦理道德，这样来看中国传统文化正是传统美德的集中体现。孔子强调必须要在知识学习之前修养个人品格；《资治通鉴》中，司马光也曾论述衡量一个人要以德行为本。现阶段实现自身发展必须要完善人格修养，学习和积极传承中华民族传统美德。高校育人的根本目标是实现立德树人，重在培养具有较高道德水平的高校大学生，这与中华优秀传统文化强调完善人格修养相一致，能够起到极大的推动作用。

（二）以爱国主义为核心的民族精神

在整个中国传统文化之中都始终贯穿着爱好和平、团结统一等中华民族精神，作为传统文化核心的爱国主义精神在现代思想政治教育中也发挥着至关重要的作用。一方面能够让学生通过多种艺术形式来了解传统文化的深刻内涵，有利于增强文化意识和提高使命感；另一方面帮助学生建立独特且深厚的民族情感。在展开思想政治教育实践活动中，主要形式包括学习唐诗宋词等文学作品，感受民歌、曲艺等民间艺术。通过以上实践活动能够帮助学生提升民族意识、深化爱国主义教育。以爱国主义为核心的民族精神是培养当代高校大学生的重要内容，与中华优秀传统文化的爱国精神一脉相承且具备独特的时代特征，我国高校十分重视高校大学生社会实践活动，开展中华优秀传统文化教育工作，增强高校大学生责任意识及爱国精神。事实上，古代有许多文人志士就对爱国主义精神进行了充分歌颂。

（三）自强不息的崇高理想信念

"天行健；君子以自强不息"（《易经·象传上·乾》）。从古至今，中华民族始终推崇的理想信念及道德传统就是自强不息。做人必须要坚韧不拔、敢于拼搏。此类精神也曾被孟子和孔子积极倡导，"发愤忘食，乐以忘忧，不知老之将至云尔"。（《论语·述而篇》）现阶段，实现中华民族伟大复兴的中国梦是我们的最终理想，追求这一理想需要全国各族人民不懈奋斗、顽强拼搏才能够实现。优秀传统文化自强不息的崇高理想信念体现了我国人民自古以来的奋斗精神，这对激励当代人民团结奋斗有着十分重要的意义。

三、优秀传统文化应用原则

（一）方向性原则

1. 坚持以马克思主义为指导

由于各个地区发展的历史和环境不同形成了不同民族独特的生活和生产方式，各地的风俗习惯各有特色。马克思主义理论的内涵非常丰富，不仅有指导我们日常处事的辩证思维，其群众路线、实事求是的思想至今影响着人们的生活。而中国特色社会主义文化以马克思主义为指导思想，汲取了西方文化中的优秀成分，并与我国传统文化结合，可以说是中西文化结合的产物。为此，要把优秀文化和马克思主义加以整合，传授给学生优秀的传统文化，抛弃不符合马克思主义的腐朽文化。可以说，马克思主义是衡量传统文化能否进入大学课堂的标准。

2. 坚持思想政治教育

自古以来，知识分子的家国情怀就非常浓重，他们拥有崇高的道德理想，随着历史的发展，逐渐与我国传统文化相融合，如顾炎武的"天下兴亡，匹夫有责"（《日知录·正始》），他们不仅成了传统文化道德教育的一部分，同时也与思想政治教育有着紧密的联系。

3. 坚持社会主义核心价值体系

社会主义核心价值体系作为指导我国国民思想道德的纲领，需要通过宣传和实际行动使其融入大众生活，让广大人民群众对这一体系有深刻的理解。

（二）创新性原则

中国传统文化能够传播延续需要借助创新性开发这个重要方式，时代在不断变迁，传统文化也要有所变化。文化传播可以从一个地域传到另一个地域，也可以从一个时期传播到另一个时期。通过文化传播可以使传统文化绵延不绝。弘扬中国传统文化方式多样、维度丰富，创新性开发就是其中一个重要的方式。利用创新性开发可以对传统文化进行整理和利用，如果还要符合思想政治教育功能的话，就要结合时代特点、受教育者的价值观等因素，赋予传统文化现代文化的意义和内涵，把外来文化中可以融合传统文化的部分进行融合，把新的文化要素传授给受教育者也不失为一种好的教育内容。思想政治教育可以说为传统文化的创新性发展指明了方向，由于这个正确方向的存在，使传统文化更好地服务于当下的文化发展，也丰富了思想政治教育的内涵和价值。

四、优秀传统文化与大学生思政教育融合的可能性

（一）价值观契合

社会主义核心价值观内容包括倡导富强、民主、文明、和谐，倡导自由、平等、公正、法治，倡导爱国、敬业、诚信、友善，社会主义核心价值观的内容指明了我国思想政治教育的前进方向，为高校思政教学体系建构提供了清晰的思路。它要求思想政治教育必须在理念上进行全面的更新，要坚持立德树人的根本目标，树立"以人为本"的教育理念，就要始终加强马克思主义思想与理论对高校思想政治教育的指导，确保高校思政教育的政治方向准确。

中国传统文化是中华文明的重要内容，经过千百年的发展，形成了崇德、善仁、进取包容、谦敬礼让、求真务实等内涵丰富的价值观念，这是各民族共同智慧的结晶，是全体人民共同拥有的。从社会主义核心价值观的内容和要求来看很多均源自中华优秀传统文化，是千年来中华民族始终坚持的优秀传统美德。

（二）目标一致

我国思想政治教育的根本目的是提高人们的思想道德素质，促进人的全面发展，激励人们为建设中国特色社会主义，最终实现共产主义而奋斗。而我国高校思想政治教育所需要解决的就是在社会主义社会中，在马克思主义思想理论指导下，如何实现人的全面自由发展问题。这两方面的内容构成了我国思想政治教育的根本目的。中国传统文化中对理想人格的追求体现了对人们道德品质的理想追求和总体要求。对理想人格和道德不同层次的追求，使得中国传统文化在"立德"层面上有了更加深厚和丰富的立体内涵。这种对"德"的高度要求和自律，也深刻地融入每一个人的心中，逐步形成了社会公民所公认的愿意遵守并不断追求和

共同维护的社会道德准则。由此可见，我国思想政治教育与中国传统文化在目标设置上都指向人，指向人的思想道德素质，都将对人的思想道德素质的培养和提高放在首要核心位置上，注重对人的美好道德品质的培养和提升，这体现了二者在育人目标上的一致性。

五、优秀传统文化与大学生思政教育的融合策略

（一）推动高校"三大课堂"建设

1. 强化"第一课堂"，运用新媒体打造传统文化特色课程

课堂是大学生接受知识教育的主渠道，是大学生思想政治教育中开发与利用传统文化资源的重要场所。把优秀传统文化中的合理内容适度融入高校课程体系很有必要。高校必须开设优秀传统文化必修课，充分发挥课程育人的功能，强化课程育人体系。课程是高校开展思想政治教育工作的主要渠道，教材是重要的载体。不仅要将优秀传统文化编入教材，还要适当增加优秀传统文化在思政教材中的比重，根据高校自身实际情况与学生思想政治教育状况，有选择地吸收和学习优秀传统文化，完善思政课程体系，优化课程设置。

2. 依托"第二课堂"，开展优秀传统文化实践活动

高校要牢牢把握知行合一的内涵，充分发挥课堂与教材的作用，运用优秀传统文化资源开展实践教学活动，以此提高思想政治教育的有效性与学生对优秀传统文化的认知程度。高校要拓宽优秀传统文化教育渠道，广泛利用社会资源，采取"请进来"与"走出去"相结合的方式来进行优秀传统文化教育，邀请知名学者来学校讲座与让学生走出学校实地参观考察结合。举办不同类型的文化展览，为大学生创设文化情境，带领学生感受优秀传统文化，积极组织优秀传统文化学习活动，建立传统文化社团组织，营造良好的文化氛围，实现高校思想政治教育形式的多样化，促进学生转变。

3. 建设"第三课堂"，优化基于优秀传统文化的网络平台

新媒体是在新的技术支撑体系下出现的媒体形态。新媒体的飞速发展为高校开展思想政治教育工作提供了新空间与新载体，网络成为优秀传统文化传播的主要工具，也是当今大学生获取信息、交流情感的重要手段。高校要运用新媒体技术，优化优秀传统文化网络教育平台，推动思想政治工作传统优势与信息技术高度融合，加固网络思想政治教育重要阵地。爱国主义情怀、自强不息的进取精神、诚实守信的良好品格及谦逊有礼的处事要求等，都是优秀传统文化的丰富内涵，

要积极传播优秀传统文化，引导学生关注与认知中华优秀传统文化。

（二）提升高校教师综合素质与文化教育意识

1. 合理利用新媒体平台资源

新媒体既给高校教学带来了机遇，也伴随着挑战；即使网络优质资源共享于教学，也要求教师具有完备的新媒介素养与信息技术应用能力。因此，在高校思想政治教育中，教师专业素养的提升尤为关键，对教学效率与效果会产生积极或消极的影响。教师阅历丰富，凭借个人魅力会潜移默化地影响学生思想与行为，使学生乐意接受教诲。高校教师要努力提高新媒体素养，参与、使用新媒体，对新媒体信息有正确的识别、理解能力，判断、质疑能力，提升自己运用新媒体开展工作的能力，以身作则，正确引导学生使用新媒体。

要重视优秀传统文化线上课堂，创新大学生和高校教师互动交流模式。在思政课堂上，大学生对优秀传统文化兴趣不高、态度不是很积极。教育工作者要处理好"教"与"学"的关系，尊重大学生的主体地位，采取大学生乐于接受的方式。基于大学生更喜欢网上交流而非面对面沟通，教师可以合理利用新媒体，适时创建优秀传统文化线上课堂，在网上与学生互动交流，构建网络环境下的大学生和高校教师关系。以学生喜闻乐见的方式开展优秀传统文化教育，为提升大学生的文化素养打造更加畅通的平台，这也是新媒体时代人们的共同目标和理想追求。

要注重基于优秀传统文化的思政教学研究，进一步完善思想政治教育内容。中国传统文化源远流长、博大精深，教师只有自己真正了解优秀传统文化的内涵，才有可能在授课时旁征博引，将课程讲得出彩，激发学生学习的积极性。

思想政治教育工作者必须把握优秀传统文化的思想内涵，最大限度地发挥其思政教育作用。高校要高度重视教师的理论文化学习，开展传统文化交流和研讨的教学活动，设置相关研究项目与经费，增强思想政治教育工作者深入研究优秀传统文化的动力，实现优秀传统文化与思想政治教育深度融合，进一步提高高校思想政治教育质量。

2. 增设网络教育阵地，优化创新传统文化教育的新方式

信息科学的发展日新月异，因特网、模拟和数字信号、智能手机等占据了人们平时的生活，同时跃居为学习和沟通交流的重要途径和方式。互联网逐渐变成学生搜集资源和学术的速度最快、最方便有效的通道和措施，使得大学生的自我提升、平时的生活，甚至是精神框架都具有普遍而意义深远的作用。

大学应持续地创新传统文化教育的进程和渠道，增设网络教育，最大限度地

发挥网络的核心影响，利用以网络为核心的传统文化培养区块，为大量的学生可以完整地进行思政教育提供极大便利。现在，为数众多的大学都建设了自己的网站，以此为契机，能够利用优化传统文化发扬渠道，把大量理论转化为音频和视频等富有感染力的渠道提供给学生来学习，使学生感受到传统文化的核心能量。校园网站的创建，不单单减少了学生和老师之间的隔阂，让学生耳濡目染地接受学习内容，同时可以有方向性地对学生日常生活中的"疑难杂症"逐一讲解，对学生精神层面完成有针对性的引导。所以，思政课老师需要完善地学习网络科学，对大学生进行多角度的教育和引领，同时对网络资源完成详尽的审查，为大量的学生增设更加行之有效的思政教育方式。

3. 提高思政课教师的自我修养

教师必须要主张坚定的政治方向，促进思想道德的建设和教育，推进国家和社会使命感的形成，完成大学生自由生活和成长的方向标和指路牌。所以，增强大学思政课教师人才培养和建设是必不可少的。

然而，从现在的发展方向来判断，在大学思政课教师人才的引进和相关后期建设的流程中，许多教师没有相对应的职业道德素质层面的修养资格，无法将足够的时间投入自己的事业，自身对中国传统文化知之甚少。在课堂期间得过且过，如此发展，使得大学思政课的教学成效甚微，无法展现本科目当初设立的初衷和最终课程效果。

4. 教师进行深入学习，加强传统文化与教学内容的结合

教师要想将新时代思想道德建设与传统文化进行结合，不仅要对该专业知识有充分的研究，也要对传统文化进行深入学习和实践。一方面，教师通过深入学习内化传统文化，能够得到自身道德修养的加强和行为表现的变化，进而潜移默化地影响学生的道德发展。另一方面，通过学习内化传统文化，能够将优质的教学理念和儒雅的学者风尚引入课堂，提升学生的体验感和代入感。教师在高校思政教学中融入传统文化，能够做到"两手抓"，让学生从优秀传统文化思想与现代先进道德观念两方面得到思想的熏陶。因此，要树立高校学生正确的道德观，促进以德立人的教学发展，就要充分了解传统文化，加强传统文化与课堂内容的结合。

第二节　基于互联网教学平台的思政课改革

互联网可以更好地实现教育专家倡导的"因材施教"。"因材施教"强调教育

要从受教育者的实际现状出发，依据学生的认知水平、性格特点、学习能力及自身素质，展开有针对性的教学，促进学生全面发展；"因材施教"强调要着眼于社会对于人才素质的要求，从国家、民族对于人才要求的德智体美四个方面出发，将学生的个人发展与社会需要很好地结合在一起，对学生进行着眼于未来的全面成长成才教育。互联网、大数据能够更科学地分析学生的学情和实际需要，而"互联网＋"的资源整合能够整合所有的教育主体形成教育合力，对学生进行立体式的全方位教育。

一、云课堂

互联网时代，各类学校纷纷采用计算机网络进行教学。新冠肺炎疫情暴发以来，线上课堂成为与时间赛跑、使教学任务正常进行的保证。基于不同地区的现状，钉钉App、QQ会议、雨课堂、腾讯直播、爱课帮等新媒体直播软件借助"云"技术，使思政课在"云"上进行直播授课，高等院校教师可以在线上直接学生答疑，学生通过点播、回放等方式可以深入、反复进行知识点的学习，确保了学习进度的正常进行。

（一）云课堂教学的内涵

云课堂是随着互联网的发展兴起的一种网络教学平台，它能集线上授课、作业发布、课堂讨论等远程教学功能于一身，解决远程教育和线上教学中的问题。通过云课堂这种新型的教学方式可以使大学生加强对思政课的学习兴趣，并且打破了传统教学模式下因为时间、空间的问题而形成的教学不便，这种教学方式可以充分发挥教学优势，可以从最大限度上提高学生的思政学习水平。比较典型的云课堂教学平台是雨课堂，它是清华大学推出的一款智慧教学工具，它的全部功能都基于PPT和微信，只要教师会操作PPT和微信就可以通过连接师生的智能终端用雨课堂开展教学活动，学生加入班级后会实时收到作业和上课通知，使用微信就能参与课堂。

通过云课堂的教学，能有效提高学生的学习兴趣，使其在学习的过程中，能够感受到当前所学内容的乐趣，为学生的学习发展起到有效的教学管理作用。云课堂的学习能为学生的学习提供便利，让学生能在不同的学习环境下，进行深入的学习，对学生进行合理的教学培养，帮助学生在思政专业进行有效的教学提升。

（二）云课堂的作用

云课堂的出现符合了教育发展的趋势，而且云课堂打破了传统的教育方式，不受时空限制与学习方法之间的限制，让学生和教师都可以将书本内容和实际生活联系在一起深入互动，为思政教育的发展作出了很大的贡献。

1. 丰富了教学内容

网络教学资源更加丰富且针对性强，相较于传统的教学方式，网络教学的教学资源更加丰富，教师可以通过网络搜索丰富的教学资源，将其应用到大学生思想政治教学中。对于课程中的重点及难点，教师可以推送大量的教学资源对其进行讲解。教师首先对网络资源进行筛选，选取具有针对性的教学资源在上课时供学生参考，极大地提高了学生在线学习的效率；学生也可以根据自己的学习能力进行有选择、有目的的学习，尊重了学生的差异性，为教师"因材施教"奠定了基础。

2. 提高了课堂教学的实效性

在用云课堂进行教学时，教师可以在课后或者在课中对每位学生发出习题，让学生来作答，每位学生的完成结果都会在教师的客户端有所显现。这样来实时地对学生进行考查，也方便了教师针对学生的难点进行解答。这种方式具备超高的实时性，规避了之前在课堂中学生都反馈很好，但在真正实践操作上却有很大出入的问题，非常有利于教师及时调整教学策略，提高了教学效果。

3. 提高师生课堂内外的互动

增进师生互动，充分实现教学中的师生交往。大学生思想政治教育课程具有较强的理论性，若教学活动组织不力，课堂教学的枯燥乏味很容易引起学生的厌倦，再加上部分学生比较内向，不善于、不积极表达，就会造成接受式教学突出、教师一言堂、师生之间零互动的现象，给教育教学效果带来不利影响。云课堂为师生教学中的相互交流提供了强大的功能配备。通过学生在预习阶段和课堂教学中对有难度的学习内容标记"不懂"，教师能及时获知学生学习中的难点；通过学生在课堂教学中发送弹幕、投稿，教师能及时获得学生学习情况的反馈，及时调整教学方法和教学内容，达到更理想的教学效果。而这种标记"不懂"和发送弹幕、投稿的方式，能减轻学生因内向、胆小等因素而造成的与教师交流时的紧张焦虑心理，降低了师生交流时的心理成本，使互动交流更轻松自由，也更容易，是师生之间互动交流的有效途径。

4. 有效节约了课堂时间

云课堂教学模式的实施，使学生提前在线上完成了一部分知识内容的学习，教师可以在课上直接针对学生在课下遇到的重、难点进行讲解及分析指导，极大地节约了课堂时间、提高了课堂效率。教师利用节省下来的时间开展相应的大学生思想政治教学活动辅助学生的实践，提高学生对知识的掌握能力，有效增强学生学习的积极性与主动性，极大地提高了高校思政教育的水平及能力。

5. 培养大学生自主学习的能力

自主学习是新课程改革对培养大学生的主体精神、养成大学生的自学能力、实现大学生的可持续发展的重要要求。大学生首先要具备自主学习的能力，使用支课堂线上教学过程中，学生在没有教师当面监督的情况下完成观看教学视频、参与课堂讨论、进行课后练习等学习活动，对大学生学习的主动性、积极性提出了要求和挑战，如果大学生没有学习的主动性和积极性，就很难完成学习任务。如果能把线上教学的某些活动当作常规教学内容经常性开展，久而久之，学生就会养成自主学习的习惯，形成自主学习的精神。

（三）思政课堂教学引入云课堂的路径

1. 授课理念的创新

想要符合当前社会对于大学生人才的需求，就应该将传统的教学理念进行转变，加强对大学生的教学方式的创新，使大学生可以在教师的教学引导下，进行积极的学习。传统填鸭式教学无法使大学生活跃起来，大学生在学习思政时缺乏主动性。现阶段教师可以提升对学生的教学氛围，在当前的环境下加强对学生的学习引导，使学生可以主动进行学习，转变学生对思政课的学习态度。教师应该注重对学生的学习引导，通过正确的学习方式提高学生的学习能力，使学生可以在当前的学习氛围下进行情境创设，为学生带来良好的学习乐趣。教师可以通过云课堂的方式为学生进行情境创设，可以有效提高学生在思政学习过程中的效率。

2. 提高和培养教师信息化能力

考虑到教师对云课堂的接受程度和接受能力不同，为了教师能在短时间内掌握云课堂教学，对整体教师队伍进行云课堂教学培训是最可行的办法。一方面，在培训当中，可以通过专业人员的讲解培养教师的网络技术知识；另一方面，现在对教师的培训都有专业的技术手册，所以教师在培训之后可以自己通过手册进行学习。教师在掌握了基本的云课堂操作方法后，可以根据自身的学科来对云课堂的使用进行整合处理，根据自身的学科特点和教学目标来进行教学设计。在教学设计上要做到：第一，选择适合云课堂呈现的教学内容，在云课堂的使用中，教师需要学会通过云课堂的平台来获取丰富的教学资源，再将这些丰富的资源进行整合，制作成 PPT 或者是视频来方便课堂教学使用；第二，灵活运用云课堂教学形式，在传统的教学课堂中穿插进云课堂的教学形式，促进学科教学目的的快速达成；第三，要通过云课堂对学生的学习进行客观性评价。做到这三点才能让教师在掌握云平台课堂的教学技术后，运用云平台教学技术增强学生对云课堂的适应能力，帮助学生通过云课堂树立自主学习的观念，并且养成自主学习的习惯。

3. 及时反馈和评价

反馈评价无论是在思政课堂中还是在其他专业课程中，都是十分重要的一环。这是教师教学成果的关键体现，也是对教师工作成绩的一种肯定。而要想将教学工作做到更好就需要教师在反馈当中多注意观察学生的态度，并且对于在云课堂中收集到的反馈信息都要仔细察看，仔细钻研自己哪里需要改进，哪里做得比较好，做到心中有数。不断改进自己的短处，发扬自己的优点，才能把教学工作做得更好，也能让教学效果更好。培养学生树立正确思政观念，同时在不断地教学探索中，为普通高等院校思政教育的发展贡献出自己的力量。

云课堂的加入，不仅仅改变了思政教育的教学方法，也促进了思政教育的发展，为思政教育的发展指引了一条明确的方向。云课堂优化了教学方式、提高了学生的学习热情，也让教师可以及时接收到课堂反馈并加以改进，为加强学生的思想建设提供了一个良好的平台。

4. 丰富教学手段与方法，提高教学技能

云课堂教学采用线上自主学习和线下教师主导的教学方式，通过线上线下一体化教学设计及丰富多彩的课堂活动设计，真正实现了以学生为中心的教学目标。这种教学模式要求教师发挥的主导作用更加突出，从课前预习的内容选择，到课堂教学的方式方法选择，再到课后的练习和巩固环节，都要求教师精心设计。尤其是教学方法，好的教学方法可以让云课堂教学模式达到理想的效果。除传统的教学方法外，小组合作学习、案例教学、翻转课堂等教学方法和模式，都是既与大学生思政课性质、目标相适宜，又有利于发挥线上线下混合教学模式的教育功能的教学方法。教师要认真分析教学内容、教学目的和学生的基础，精心设计教学过程，合理选择和高效运用各种教学方法和手段，不断提高教学技能，真正实现教学的线上线下结合、师生互动、课内课外相连，进而推进现代信息技术与教育教学的深度融合，重塑教育教学形态，探索智能化、个性化教育。

二、思政慕课

（一）慕课的定义

慕课的英文全称是 Massive Online Open Course，缩写为 MOOC，慕课为英语单词 MOOC 的音译叫法。慕课是"互联网＋教育"的产物。"M"代表 Massive（大规模），与传统课程只有几十个或几百个学生不同，一门慕课动辄上万人，最多达 16 万人；第二个字母"O"代表 Open（开放），以兴趣导向，凡是想学习的，都可以进来学，不分国籍，只需一个邮箱，就可注册参与；第三个字母"O"代表 Online（在线），学习在网上完成，不受时空限制；第四个字母"C"代表 Course（课程）。把每个单词的意思相连，我们不难得出 MOOC 翻译为"大规模开放在线课程"，国内简称为"慕课"。值得注意的是，国内也有些文章将 MOOC 的中文翻译为"大规模在线开放课程"。虽然有两种不同的翻译，但是本文还是将 MOOC 翻译为被国内教育类核心期刊如教育研究等所使用的"大规模开放在线课程"。维基百科在 2012 年给出了 MOOC 的定义，首先，MOOC 被定义为一种课程。该课程的特点是学习课程的人遍布世界各地，课程的资源可以在互联网上获取，课程是对外开放的。参与课程的人越多，效果就会越好。之后，维基百科改变了定义，将其改为了 MOOC 是一门在线课程，主要特点是开放、大规模。

（二）思政慕课与传统线下思政课的不同

1. 时间和空间的差异

传统思政课要求到教室来完成课程的学习，学生和老师采取每周见面的方式进行思政课教学。思政慕课采取碎片化的学习方式，一台电脑或者一部手机前就可以进行课程学习，没有传统上课的那种"仪式感"，地点可以在宿舍里、家里、公交地铁上或者咖啡厅里。

2. 教学中心的不同

传统思政课堂基于思政课的公共课特性和课程本身的政治理论的严肃性，通常是以教师为中心，以教师讲授为主，即使不乏一些讨论或者小组活动环节，最终落脚点还是理论的阐述。不仅如此，由于课程本身的严肃性，学生来上思政课也往往表现得很严肃，也许是因为大班教学人比较多或者对于理论的敬畏，学生参与课堂讨论远不及专业课那么积极。慕课依靠技术手段隐去了面对面的尴尬，采取边看慕课边在旁边讨论框或者弹幕参与讨论的方式，可以使学生在上课的过程中有任何想法都可以畅所欲言，在一定程度上实现了以学生为中心。

3. 教学主体的不同

传统的思政课有着明确的大纲和教案，教师以其理论储备为学生灌输、传播理论知识。在教学中，教师以传授为使命，顺带有效地解决学生的一些问题。如果学生不提问，教师也就不知道学生对理论掌握得如何。慕课由于技术的引入，教师在线边讲或者边讨论的同时，学生的问题或者疑点就能反馈于教师，教师边看各种反馈边安排整个教学过程，针对学生特别感兴趣，或者结合当下特别紧密学生希望多听的问题，教师就可以安排后面的教学进度多讲，有的问题学生可能手里有更好的佐证资料也可以在慕课系统上共享，真正做到以学生为主体，提供学生需要的内容。这种主体的转换也改善了思政教学师生的人际互动。

4. 培养目标的区别

传统的思政课认为，课堂除了传播理论知识、帮助学生树立理想信念和"三观"等以外，还要帮助学生提升"人格魅力"，这种提升是和老师的身教和传导、感化不可分割的。思政慕课在理论传授、立德树人等"言传"方面的教育上是丝毫不落后的，但是缺乏一种"身教"的平台。"身教"是需要面对面接触形成的，并不是隔空的电脑、手机或者技术手段能进行的。

5. 教师评价体系的不同

传统思政课的教师评价体系是单独使用一套标准，既不同于专业课，也不同于外语、体育等其他公共课。思政慕课必然要采取与之不同的教师评价标准，除了评价指标中的一位或多位老师的教学态度、教学内容、教学效果或者印象之外，还要评价慕课的制作效果、互动及交互效果、界面是否友好等。

（三）思政慕课的作用

1. 弥补了传统思政课课堂教学的不足

传统的思政课教学采取的是大班教学授课的形式，教学通常在大的阶梯教室中进行，教师要借助扬声器才能将声音传播到每个学生耳朵里面。而往往坐在后排或者边上的学生要看到大屏幕上的课件或者教师的板书比较费劲，如果大教室侧面没有屏幕，单靠看教室前方黑板旁边的大屏幕往往看不清楚。这种靠扩音才能听清老师讲课、难以运用黑板和大屏幕的上课方式从手段上就使师生之间产生了距离感，教师站在讲台上看不清楚每个学生的面孔和表情，学生则觉得老师不仅遥远且高高在上。而大部分高校无法实现小班授课，因为思政课是全校同一年级所有学生都要上。因此，传统思政课教学虽然明知大班授课效果不如小班教学，但是也只能不得已而为之地采取大班的形式。

慕课则可以很好地、有效地解决这一教学形式的问题。一个老师同时管理几十个学生的教学效果远比同时管理一两百甚至更多学生的效果好。如果采取小班面授与慕课相结合的方式，一部分学生接受思政课教师面对面在小教室里面授教学，既可以关注到每个学生的课堂反应，也可以正常进行交流、提问等环节，而且开展一些思政课教学环节中的角色扮演、问题研讨、翻转课堂等活动也可以得心应手地进行。

与此同时，另一部分同学在机房或者宿舍电脑前甚至是手机前采取慕课远程同步在线直播的形式、每个学生面对屏幕中的老师，可以清楚地看到老师讲课的动作和表情，同时，可以采取创新的师生互动交流的方式，比如学生提问可以采取"弹幕"等视频网站流行的年轻人喜闻乐见的方式，教师或者同时听课的学生可以对弹幕提问进行实时解答，还可以设置一些参与度排名榜之类。总之，传统思政课课堂教学的这些不足都可以借助"融媒体+慕课"的形式加以改善。慕课可以轻而易举地完成讲解、互动、交流、反馈、答疑等环节。

2. 实现了思政课过程的考核

慕课可以将学生这门课学习的每个环节"留痕"，比如登录出勤都会有所记载，并在其中进行了哪些互动环节，一个学期提交了几次作业和测验。这样考核平时成绩比课堂点名抽查更为科学，而慕课的过程痕迹化管理不仅使教师了解学生有没有在线出勤，而且了解到整个学习环节。课后作业和测试在慕课系统提交既便捷又便于系统自动批阅成绩计入平时成绩，真正实现客观公正的过程考核。而且批阅后的作业可以很迅速地反馈给学生，不像传统思政课期末交了作业师生基本就不再见面。思政课理论传授和育人才是最终目的，在这个过程中作业的订正其实是至关重要的。这种过程考核的方式会使学生更加注重学习思政课的整个过程而不仅仅是期末考试这个最终结果。注重过程才会沉浸其中，沉浸其中才有可能真心喜爱、终身受益乃至毕生难忘。

3. 一定程度上促进了思政教育的公平

一个学生要想接受一节"985"或"211"名校的传统思政教育学习，不是一件容易的事。除非去旁听，否则这个学生需要有这所名校的学籍，这对于中国大多数大学生来说就已经遥不可及。自2018年5月天津市在"第二届世界智能大会"上发布"海河英才"行动计划，宣布在津无工作的未满40岁全日制普通高等院校本科毕业生可"零门槛"落户以来，一天时间就有30万全国各地年轻人来天津申请落户。这其中相当一部分是看中了较低的高考报名人数和较高的录取率。这足以证明在全国范围内，能够进入名校学习的学生还是占据少数。但是，一个学生如果想听一节"985"或"211"名校的思政慕课就非常容易了,只需要支付及其廉价的学习成本或者零成本就可以实现。这极大地打破了教育资源的壁垒,更有益于缩小地区城乡教育差距,实现教育公平。毕竟思政教育关系着培养什么人的问题,全国范围内各级各类大学生都应该接受优质的思政教育,补精神之"钙",为成为担当民族复兴大任的时代新人提供思想基础。

(四)思政课应用慕课的要求

1. 对学生配合程度的考验

思政课以慕课作为教学模式,在线上和线下学习过程中学生的参与配合程度直接决定了思政课的教学效果。很多学生本身对学习思政课并没有真心实意的兴趣,只是迫于考试和学分的要求,他们习惯于中学政治那种老师盯着学、看着背、反复督促的学习模式。

在慕课教学中,需要学生有较强的自主学习能力,至少具备能够按时登录并观看完课程的自觉性,并且完成课后作业、讨论等环节。这对国内相当一部分普通高校学生来说,并不是一件容易的事情。他们一开始出于好奇应该可以按时完成课程,但是坚持一学期自主观看、自主完成作业就需要一定的定力或者辅助手段。

学生能否积极参与课堂讨论,学生是否对讨论教学模式感兴趣、对国家热点、焦点感兴趣,是否能够自发自动地融入讨论中来;再者,学生的性格特点具有差异性,如何针对学生的性格特点展开教学,有效提升学习效果。这都是要思考的问题。

2. 对教师综合能力的考验

思政课教师在备好本职课程的同时,还要掌握好融媒体慕课的必须技术。教师不仅仅要能讲好思政课,还要掌握在线回复学生问题、回应学生讨论、随时发布测验、发布课件及有关视频、在线布置小组作业并进行跟进指导等手段。这不仅要求教师在镜头前能自如讲课、熟练使用慕课软件,还要求教师熟悉一些配套辅助软件的使用,如抖音、视频、剪辑软件等。这种媒介素养的新要求,对于一些"80后""90后"中青年教师来说,并不太难,但是对于一些不善于使用融媒体的老教师来说,的确是一个不小的挑战。

3. 对大学教学条件的考验

确保慕课在思政课中科学、有效的发挥作用,取得预期的教学效果。大学对思政课网络教学的支持是重要的前提和基础、大学是否能够满足慕课技术化较强的教学要求，提供有力的经济支持和技术配备？一是系统要具备教师教学和学生学习的各种功能，针对教师，系统需要具备学情、作业、反馈等数据分析的功能，便于教师对学生的监管和课程的调整；针对学生，系统需要具有线上学习、课堂表现、自动评分等多样化学习功能，便于学生及时掌握自身学习状况，随时调整学习强度。二是系统的开发建设和人员维护需要学校投入一定的资金。规模较小、资金不足的大学是否能够承受慕课教学模式带来的经济负担，这些无疑对大学本身的经济实力提出了挑战。

（五）思政慕课建设策略

1. 加强顶层设计

慕课平台建设是一个综合的系统性的工程，必须要加强顶层设计，重视慕课平台的开发和建设。同时，慕课的建设具有开放性，不能局限于少数学校开发，国家应积极推动不同层次的学校自由进入并共同开发建设维护。要遵循由重点建设到普遍建设的战略。先由具有较高科研水平的"双一流"高校带头开发平台，然后以此为中心由点及面地向省重点高校及其他地方高校辐射，推动慕课技术的普及、建设和推广，最终建成覆盖全国的高校思想政治教育慕课平台。

2. 严格把关，提供精品慕课资源

慕课平台提供的课程是面向全国高校学生的内容，因此在课程质量上必须严格把关。而高校思政课又与其他课程有着明显区别，其最本质的属性和特征就是政治性，必须严守安全底线，保证思想政治慕课是精品课，真正让慕课资源发挥维护社会主义意识形态的功能。

3. 避免跟风，做出思政慕课独有的特色

首先，融合而非替代传统的思政课堂教学。思想教育功能如果离开了面对面交流，效果是会大打折扣的，传统课堂并非一无是处，否则也不会在我们高等教育发展历程中经久不衰。因此，辩证地将思政传统教学与思政慕课融合起来，两种方式实现优势互补，针对每所院校自身的情况，承担起高校学生思想教育的使命。

其次，可以用翻转课堂的理论改善思政慕课，采用"先学后教"的模式，学生课下自主完成学习并提出问题，课上和老师一起交流、研讨事先发掘的问题，并探寻有效的解决方案。既发挥了思政慕课本身的技术优势，有效地解决了师生配比不足的问题，又弥补了师生缺乏面对面言传身教的弊端。

4. 健全激励机制，提升教师网络教学水平

高校思政课教师是推进思想政治教育改革的原动力，首先需鼓励教师学习新媒体新技术。高校要健全教师进行教学创新和教育改革的鼓励激励机制，加强对思政课一线教师的网络技术培训，邀请慕课课程研发的专家来校进行交流座谈、分享经验。同时，对于积极参与、探索慕课课程开发的教师，要给予表彰和奖励，形成崇尚创新的氛围。

5. 增强学生思政慕课的获得感

思政课或者思政慕课的改革使学生有获得感，其改革就具有价值。思政课本身的特点在于其与现实紧密相连，承载着将党中央重大理论创新传播给学生，武装学生头脑的作用。然而，这些大而严肃的内容与学生碎片化、娱乐化的阅读方式是具有冲突的。这就需要思政慕课在传播好这些理论的同时，关注如何有效传播。慕课的方式由于借助互联网或者移动互联网，已经从形式上使学生放下了被"说教"的戒备心理，如果再借助慕课中的视频加入一些动画或者访谈的形式，让学生从思政慕课学习中切切实实获得深刻生动好玩又有用的理论，学生的思政获得感就会增强。

比如2018年5月纪念马克思诞辰200周年，在很多融媒体公众号中出现了"接地气"的宣传马克思的内容，制多还配有网络语言的话语表达方式描述和一些卡通图，如求是网公众号的《如果马克思穿越了……》和《马克思是对的》、人民网公众号的《给90后讲讲马克思》等。学生愿意看，看后觉得增加了对马克思主义的了解有"获得感"。如果思政慕课能够加入这些素材，配有教师具有理论功底又符合学生话语习惯的讲解方式，就必然会增强学生对这门课的"获得感"。

三、翻转课堂

（一）翻转课堂的定义

翻转课堂教学模式，顾名思义，即把传统课堂进行翻转，变教师主体为学生主体，变传统讲授为充分利用新媒体等技术开展开放性和多样性课堂，最终都是以实现思政教学的最终目标为出发点和落脚点。现阶段，学术界对翻转课堂的概念界定总体上体现在以下几个方面。

①课前预习。课前，学生对学习内容的选择具有充分的自主权，可充分运用新媒体技术进行"淘课"预习。

②课堂学习。课中，学生通过教师引导对课堂进行主动学习、讨论和总结，运用教师讲授、视频音频学习、小组讨论等形式对课程主体内容进行学习和掌握。

③课后复习与考核。课后，学生回顾总结相关知识点并主动完成线上考核，教师在考核学生时充分体现人性化和主体性的特点。

（二）翻转课堂的特征

翻转式的思政教学模式在很大程度上体现了合作学习、信息化学习和个性化学习的基本特点，将教学立足点放在学生的"信息获得与加工""协作学习""自我提升"等能力的培养，其特点主要体现在以下三个方面。

①个性化。翻转课堂教学模式的个性化体现在课程设计、课堂安排和课程评价都是以学生主动学习的过程和自我能力提升的目标为价值导向。

②协同性。翻转课堂的协同性主要体现在课前预习、课中学习和课后复习三环节的协同、教师与学生双主体的协同及学生学习知识和内化知识的协同。

③数字化。翻转课堂最早出现于2007年美国高中化学教师在教学实践中发现用屏幕捕捉软件录制讲课视频，之后发布到网上，可供缺席学生和学习有困难的学生自主学习，反复通过自学和课堂讨论来解决疑难问题。显而易见，现代化信息技术的广泛兴起是翻转式教学方式被广泛应用的重要基础。

（三）翻转课堂运用到思政教学中的作用

1. 提高了教学实效性

在全国高校思想政治会议中，习近平总书记作出明确指示，必须通过增强高校思想政治理论课的亲和力，以此推动高校思政教学的深刻变革，促进高校思政教学取得根本性的进展又是增强高校思政教育程亲和力、针对性的重要理论依据。思想政治教育程在高校的所有课程中的地位并不显著，一方面与高校领导的重视程度不足有关，另一方面与思政教育的教学实效性不明显有关。思政教育传统授课模式由教师单一传授为主，教师教学水平的高低、教学内容的吸引力、课堂管理效果直接决定思政课课堂的教学效果。翻转课堂教学模式一改传统教师主导的教学模式，让学生在课前、课中、课后各大环节充分参与课堂，依靠信息技术给予学生多种学习模式和丰富的学习资源，开拓了学习阵地。因此，开展翻转课堂教学模式，有利于将课堂的主动权还给学生，帮助学生开拓学习阵地、丰富学习资源、创新学习模式。大量的事例表明，自从我国实行新的课程标准以来，翻转式教学模式的出现顺应了我国教学改革的潮流，是对传统教学模式的深刻变革，该教学模式无论从理论还是实践层面都起到了提升高校教学成效的显著意义。

2. 提高了学生的参与性

大学生作为高校课堂的主体，其自身特点是对思政教育进行课堂改革的主要考量因素，个性化强、有独立意识、原始知识丰富、网络时代"原住民"等均是当今大学生的显著特点。传统思政课教师在课堂的权威性和科学性强，教师传授知识、学生接收知识是业已形成的特点，但这种方式不适用于当今思政课课堂。一方面，从学生的个性化强和有独立意识上看，现在的大学生以"00 后"为主，其更倾向于以自己的方式和角度思考问题，而不是一味接受教师的传授。思政课教师在应对学生的思考角度和结果时应以引导和鼓励为主，在开展课堂教学时也应积极调动学生参与到讨论的队伍中来。另一方面，从学生网络时代"原住民"和原始知识丰富的特点来看，思政课课堂不应仍是对学生固有知识体系的简单重复，也不应单是以讲授、提问和讨论的传统方式展开，而应充分利用信息技术手段，引导学生广泛涉猎、勤思考，并在充分了解与思考中得出自己的见解。翻转课堂教学模式在增强学生课堂参与度上应用最广。课前主张学生自主学习教师上传和自己搜索的内容，在翻转课堂的教学实践环节，教师应利用多种教学方式和教学思维构建系统化的教学体系；在课后环节，教师应引导学生进行自主复习和测试；在"翻转课堂"的考核评价环节，考核主体应注重增强考核内容的多元化发展，方方面面都体现了思政课课堂不断增强学生课堂参与度的要求。

3. 改变了教师的教学理念

高校思政教育作为大学生思想政治教育的主阵地，其课堂效果的发挥一定程度上决定了高校开展思想政治教育的成效。我国教育部门针对思政课理论教学颁布的相关政策和文件中明确提出，要切实推进思政理论教学方法和教学模式的变革。教师角色由知识传授者向学习引导者转变，教师教学方法由传统讲授向教学视频的筛选、制作与上传转变，引导学生建构主体知识体系。翻转课堂模式的着重点是教师在教学过程中发挥好自身的引导角色，引导学生在该模式下进行自主探究和自主学习，从内心增强对思政课的兴趣，并不断培养自身的实践能力和创新能力。简单来讲，思政课教师利用该模式教学应做到将学习的主动权真正交到学生手中。

（四）思政教育翻转课堂的应用路径

翻转课堂教学模式名义上虽是对课堂进行翻转，实际应用却体现在课前预习、课中授课、课后复习及评测的全过程中。高校应及时做好信息技术完整性和教学资源的整体性建设工作，这是开展翻转课堂教学的前提和基础。同时，还要保证教师及学生都具有学习先进技术与手段、创新教学方法的意识和能力。在此形势下，本书就高校思政翻转教学的具体应用进行了合理分析。

1. 构建师生双主体

思政课教师在开展教学中应一切以学生的根本需求为主，以促进学生的全面自由成长为基本立足点。因此，在利用翻转课堂教学模式进行思政教学的过程中，需要将教师和学生共同确立为教学的主体地位，制定合理的人才培养方案和思政教学任务。首先，学生主体不可逆。基于建构主义理论和人本主义理论的翻转课堂教学模式，充分尊重学生这一课堂活动的主体，在充分尊重学生认知能力和学习结构特点的基础上，科学设置思政教学内容和教学课程。由于学生独立意识强且热情主动，高校思政课课堂以学生为主体，其课程设计可以学生主动完成学习为主。其次，教师主体不可弃。教师传统教学授课形式虽使思政教育略显枯燥，但不可否认，高校思政教育仍是一门传授理论知识、传递价值理论、塑造学生世界观、人生观和价值观的课程，要想使大学生形成正确"三观"，必然离不开思政课教师的正确引导。最后，教师学生双主体是选择。宏观地进行分析，利用翻转课堂模式开展教学需要教师和学生形成合力。构建师生双主体，既使思政教育摆脱枯燥与理论性强的固有思维，又充分发挥学生的主体性，同时教师仍能传道授业，从而真正实现思政教学和翻转课堂模式的有机融合，达到高校开展思政教学的最终目的。

2. 提高教师的自身素养

与传统的教学模式相比，翻转式的教学模式要求教师开创全新的教学体系。首先，教师应坚定自身理想信念。教师应先明确自身的教学任务，用习近平新时代中国特色社会主义思想不断充实自身。在新媒体和信息技术在教学过程中广泛应用的今天，思政课教师必须在纷繁复杂的信息内容中坚定自身的理想信念，并引领学生树立正确的价值观。其次，在信息化教学的大形势下，高校的思政课教师也应加强自身的信息化素养，掌握基础的计算机知识和技能。在开展翻转式的思政教学过程中，思政课教师应对该模式与传统教学模式进行合理的比较，并不断学习制作视频、搭建网络学习平台、与学生在线互动、甄别优质网络学习资源等技术，提高自身的信息化教学水平。最后，思政课教师也应注重提升自身的科研能力，最终达到"以研促教、研教一体"的目标。理论知识和教学方式都不是一成不变的，思政课教师必须不断提高自身教学的专业性，从历史维度、现实维度、理论维度、实践维度等多角度为学生阐述理论、分析理论、提升理论。与此同时，教师应在教学过程中加强对教学方式的研究，通过对教学过程的分析总结和对相关研究的学习提炼，进一步提升自己的课堂教学能力。

3. 注重课前、课堂和课后环节的紧密结合

翻转课堂教学模式的最大亮点就是将学生的课前预习、课堂表现和课后复习三个环节进行广泛结合，以此实现思政教学的全方位育人、全过程育人特点。首先，在翻转课堂教学的课前预习环节，教师通过将本节课堂教学需要掌握的知识点和教学重、难点制作成小视频，让学生提前进行自主观看和学习。教师鼓励学生在中国大学生慕课、智慧职教、知名大学网络学习平台、网易公开课等信息平台自主"淘课"，选择自己感兴趣的视频进行自学；教师要求学生将自学成果整合成自己的知识体系，并上传到平台或以书面形式在课堂上呈现。其次，在翻转课堂教学的课堂教学环节，要求学生自主探究。传统意义的思政教育最大的不足在于教师全盘灌输、学生被动接受、普遍"教"与"学"的特点。翻转课堂主张针对不同学生的特点开展差异化教学，学生通过成果展示、学生讨论、案例分析、视频学习、归纳总结等环节进行互动学习；通过展示自学成果、讨论课堂主题、归纳习得知识建构自己的知识体系；教师对学生学习过程及成果进行引导，并对知识点进行梳理和呈现，使课堂效果实现质的提升。最后，在思政翻转式教学的课后复习环节，要求学生巩固提升。思政课教师应充分运用第二课堂，这是高校思政教育教学改革的一大要求。思政课教师应注重学生课堂学习的巩固提升，一方面要求学生按时完成平台的测评任务，查验自身理论学习的效果；另一方面主张学生走出课堂，即走向社会，通过拍摄微电影、参观实践教育基地等实践教学形式在实践中将理论落地，在实践中升华理论，又走向网络，通过微信公众平台、网页、手机 App 等进行延伸阅读，丰富自己的知识体系。教师在利用该模式进行教学的各个环节中需要做好对学生的考核评价工作，考核方式、考核内容和考核主体的设计都应本着调动学生学习自主性的根本目的。

4. 注重思政重、难点知识

首先，在将翻转模式引入课堂时，教师应强调视频学习只是一种方式，其内容不是课程学习的主要内容，将学生从课前的分享与讨论中抽身，进入真正内容的学习。其次，在课堂环节，教师应着重针对教学的重、难点进行教学设计，成果展示、课堂讲授、课堂讨论等都要围绕教学的重、难点展开。最后，在课后反馈阶段，教师可基于学生的实践表现进行主观性考评。在利用翻转课堂进行思政教学的过程中，教师能否对整个教学课堂进行合理引导、学生是否能最大限度地吸收课堂教学知识点，成为衡量该教学模式是否有成效的关键因素。

5. 教师统一管理思政教学课堂

利用翻转式的教学模式开展思政教学对教师提出了更高的要求，教师必须有效负责整个教学课堂的准备工作，比如根据学生学习特点筛选教学内容、制定教学方案、使用合理的教学手段等，同时还需在平台及时查看、批改学生的自学成果，这对教师课前组织和管理能力是一大考验。与此同时，利用"翻转课堂"教学模式的最大特点就是让学生学在课前，在此模式的课堂教学环节教师主要为学生解答疑难问题、展开课堂讨论，并引导学生掌握相关理论，提升相关能力。为进一步提升课堂有效性，教师应组织小班讨论，让学生以小组形式进行相关内容的分享、讨论与展示，教师针对性进行点评，这既考验教师的知识水平，也考验其课堂管理水平。最后，考核和评价环节尤其是对教师和学生的考核评价是该教学模式的重点内容。思想政治教育课程是对学生价值观进行正确引导的重要武器，因此对学生的考核评价不应集中在理论知识层面，高校思政教育是立德树人的关键环节，是大学生思想政治教育的主阵地，其对学生的考核与评价不应只是学生对理论知识的掌握程度，更应是思维能力的提升、正确价值观的养成、自身素养的提升等。这就要求教师应进一步探索学生考核方法，考核学生在翻转课堂整体教学过程中的表现及核心价值观的养成，以此有效调动学生的学习自主性和学习自觉性。

6. 线上与线下相结合

教育领域构建线上线下双渠道，即实现现实教学与网络教学的结合。高校思政教育开展翻转课堂教学模式，其前提正是信息技术手段的广泛应用，因此构建线上线下双渠道是必然选择。在利用翻转课堂进行思政教学的过程中，思政课教师应明确颠覆课堂、翻转课堂和对分课堂三者的异同点，进而将现代化的教学设备和教学方法充分利用起来，带动学生的思政学习积极性和学习主动性。第一，教师应分专题研究翻转课堂教学模式的适用内容，并提前组织集体备课，教师分工完成课前自学微课内容的录制。第二，思政课教师应充分尊重学生的身心发展特点和认知能力特点，为学生制定个性化的学习方案。第三，教师要帮助学生筛选适合的网络视频和文字材料。第四，教师要合理分配微课内容、自主探究内容、讨论内容和课后实践内容，不同环节学习内容的设置都要给学生留白，启发学生思考。综上所述，教师在进行翻转式的思政教学过程中，应做到统筹兼顾教学方法、教学内容、教学模式。

第三节　大学生思政教育采用新型教学方法

一、实施疏导教育

（一）疏导教育的含义

要准确把握疏导教育法的基本内涵要从如下层面入手：一是重视"疏"的作用，疏导教育法是建立在教育双方地位平等、互相交流的基础之上的，即充分发挥了受教育者的自觉主动性，让受教育者讲出心中所想，教育者再根据受教育者具体的问题进行引导，是一种教育主体与教育客体思想、情感互相交流的方法；二是要重视"导"的作用，在教育过程中教育者要发挥主导作用，对受教育者所表达的正确思想观念予以肯定，对于不当和错误的言行进行说服教育，弘扬和宣传正确思想的方法；三是疏导教育法是一种解决人民内部矛盾的方法，应当本着"惩前毖后、治病救人"的原则进行，所以在运用的过程中主要是采取说理教育、真情感化、批评教育和循循善诱等方法进行。由此可见，疏导教育法是由相互联系、相互依存的"疏"和"导"两个方面构成的。没有疏通环节的畅所欲言、广开言路，引导就无法顺利开展；没有引导环节的利导引导、说服教育，疏通也就失去了意义和价值。

（二）疏导教育法的基本特征

1. 重视民主平等

这是疏导教育法运用的前提和基础，也是其首要特征。民主平等首先是指在进行教育的时候，教育者与受教育者的地位是平等的，双方以平等的身份进行交流，受教育者有表达意愿和想法的权利；其次是指教育双方要进行互动，对于某个特定的疑难问题，教育双方都发表见解，对方要认真聆听并进行讨论，并就不明白的地方进行提问、就不同意的内容进行反驳，是一种朋友式、兄弟式的探讨；最后，教育者也要对受教育者正确的思想进行肯定，对其错误的思想进行批评纠正，是一个互相交流、互相探讨、互相提高的过程，摒弃了教育者居高临下的一味灌输，不给受教育者任何表达想法的权利的传统方式。

2. 强调主体间性

疏导教育法的主体间性体现在教育主客体之间是相互影响、相互转换的关系。受教育者的主体性体现在可以充分平等地表达自己的意愿和问题，并对教育者的理论有辩论和选择的权利，教育者的主体性体现在对教育活动的组织和设计上，以及对教育对象正确思想的弘扬和错误思想的纠正过程中；教育主客体之间的互相转换体现在教育双方是一种交融性的存在，是一种"主体—主体"的思维模式，即一种教学相长、青蓝互滋的和谐状态。

3. 注重人文关怀

这是疏导教育法的情感延伸，也是疏导教育法有效性的重要基础。疏导教育法要求教育者认真倾听教育对象的思想和意见，当然也包括情感层面的问题，并且要求教育者将情感内容作为核心话题与教育对象进行交流探讨，在帮助教育对象的过程中不仅是理性内容的灌输，更重要的是情感问题的疏通，只有疏通了情感才能使教育对象以良好的风貌和积极的心态来接受正确的思想。教育者要真正将教育对象当成自己的家人、兄弟和朋友，真正地关心他们、关注他们的实际问题、关注他们的发展；疏导教育法要求教育者肯定人的个性与价值，尊重并关心教育对象选择的权利，维护并支持教育对象的个性发展。

4. 突出强针对性

这是疏导教育法取得实效的基石。疏导教育法要求教育者在认真倾听教育对象具体问题的基础上进行分析辨别、归纳总结。要针对不同教育对象的不同问题采取不同的方法，具体并且实际地为解决教育对象存在的问题提供帮助；对教育对象的合理诉求应该积极地进行反映，搭建好沟通的桥梁；要善于借助各种环境、充分运用各种人力物力条件形成教育合力，帮助教育对象解决大的问题；要借助具体的典型、理想或价值给受教育者以直观的感受和刺激，使受教育者明辨是非、明确努力进步的方向，要关注受教育者个人的要求，帮助教育对象解决与自身成长和发展相关的实际问题，最终使教育对象真正得到帮助。

（三）大学生思政教育运用疏导教育法的必要性

第一，疏导教育法重视民主平等，符合高校大学生和高校教师关系的内核。民主平等指的是教育过程中，双方的地位是平等的，双方都能够平等地表达自己的想法并对这些想法进行充分的交流与互动，同时对于某个特定的问题，双方都必须要都发表见解，而不是思政课教师占绝对的主导地位。在高校以人为本、立德树人的大的教育背景之下，疏导法的这一点恰恰契合了当今学校想要构建的一种高校大学生和高校教师关系。给学生充分的权利表达自身的思想情感，摒弃了教育者居高临下灌输的这种做法。

第二，疏导法强调针对不同的学生采取不同的教育方法为解决受教育者的实际问题提供帮助,这种方法的针对性更强并且能够发挥更大的作用。疏导教育法要求教育者必须要认真倾听受教育者思想上的问题与困惑,并且在此基础上对问题进行总结梳理,帮助学生完成自身的成长。整个过程中,都十分注重受教育者自身的看法与感受。教育中,每一个个体都是与众不同的,只有在对学生本身个性有所了解的基础上,才可以为解决学生思想方面存在的困惑提供帮助,并且与教育的基本规律相符合。也能够更高效更有针对性地对学生进行教育。

第三,疏导教育法在高校中有很大的适用性,使用起来非常广泛。疏导教育法是随着我党的思想教育的创立而产生的。可以说,疏导教育法与思想政治教育是相辅相成、骨肉相连的。运用到高校中,疏导教育法对正处于思想价值观形成关键期的大学生来说,强调对学生本身状况的关注,具有很好的适用性且易于操作,因此在高校当中运用得非常广泛。思政教育工作者常常在不知不觉中使用疏导教育法对学生进行劝导,无论是专业课还是思想政治理论课,思政课教师一般会在与学生进行交流的时候疏导、整理学生的思想,与学生交流沟通。但这大部分都是在一种无意识的自主情况下使用的,而缺乏具体的训练,也常常导致很多问题的产生。

(四)大学生思政教育运用疏导教育法的措施

1. 营造民主的氛围

随着我国社会主义制度的不断完善和社会经济的不断发展,我国传统的等级观念逐步被打破,在客观上也为疏导教育中思政课教师与学生以平等的身份参与到疏导教育法中提供了有利的条件。要营造民主的制度氛围应该做到以下三点。

首先,思政课教师在面对教育对象的时候,应该始终保持平等的态度,尊重他们的权益,让学生自我教育的积极作用得到充分发挥。让学生能够更加积极主动地接受教育。

其次,在思政课教师与学生之间建立平等对话双向沟通的机制。举例来说,建立网站,思政教师轮班在线,当学生遇到疑难问题的时候,不管是什么时候或者处在什么地点都能与思政课教师进行交流。设立学院短信提醒服务,每周给学生发送温馨的贴士,对学生的生活与学习起到关心的作用。公开书记和校长的邮箱,让学生可以畅谈自己遇到的疑难问题。通过机制的建立,思政课教师要清楚、完整地了解到学生的问题所在,把学生的错误思想拉到正轨上。平等机制的建立不仅需要思政课教师和学生的合作,更是一种信任,所以我们要激发学生的积极性,让思政教师与学生共同探索民主氛围营造的方法,这样也更能符合学生的心意,更容易被学生接受。

最后,鼓励和支持学生有组织、合理地表达诉求。疏导就是要广开言路、集思广益,要广开言路,就必须创造条件,让学生把各种意见讲出来。学生可以通过广播、微博等合理地表达自己的诉求,尤其是大部分学生都共同反应的诉求,学校应该积极地与学生进行沟通。

2. 创造有利于疏导教育的人力物力条件

疏导教育法的顺利开展需要一定的物质基础,学校要为疏导教育法的开展提供良好的场所、给思政课提供合理的课程安排,为思政课提供新型的技术和设备。首先,学校需要为疏导教育法的运用提供固定的场所和固定的时间,方便高校大学生和高校教师间的交流与融合,学校也要为疏导教育法的运用提供不固定的场所和时间,对于一些突发的疑难问题、矛盾尖锐的亟待解决的疑难问题能够灵活地处理。其次,学校需要为疏导教育法的运用安排相应的课程。每一个方法都有自己的理论知识,有自己的专门概念、范畴和术语,因此在操作之前需要对理论进行学习,了解疏导教育法的概念、表现方式、形成原因等。在对基本的疏导教育法有了了解后,教育者应更加深入地研究疏导教育理论,组成课题小组,在理论成功的前提下,加以实践,从而推进疏导教育的发展。学校要为疏导教育法的运用提供新的技术和设备。如今,几乎没有学生不接触电视、网络的,大部分学生都不能离开它们,更有甚者已经对它们产生了依赖,与各种传播媒介"为伴"已经成为学生生活与学习的不可缺少的方式。学校就是要利用现代学生的这种特点,顺应学生的爱好,在学生的爱好和习惯中贯彻疏导教育。

3. 创新疏导教育法的方式和载体

教育者需要对自己在实践中形成的疏导教育方式进行及时总结,提高对疏导教育的理解,有效地运用疏导教育法。教育者可以加强疏导教育知识和心理学知识的结合,了解高校学生的心理特点,从而跟学生进行更加有效的交流。教育者可以用马克思主义理论帮助学生形成高尚的思想道德情操、积极乐观的态度、革命探索的精神。教育者可以加强网络技术的运用,从而扩大疏导教育的应用平台,拓宽疏导教育的应用范围。随着社会经济的发展,传统的书信、面谈在教育中发挥的作用越来越受到限制,学生也不愿意接触,教育者应该在疏导教育法中加强对于新科技的应用,包括建立局域网络、开通思政课教师问答专线、手机短信温馨提醒等新科技手段。

二、言教结合身教

（一）思想政治教育的言教

亚里士多德曾说："品质的选择既离不开理智和思考，也离不开伦理品质，因为不论是好行为还是坏行为，都是思考和习惯结合的产物。"而个体所接触或接受的理论、观点及社会所提倡的价值标准无疑对"思考"的内容及"思考"的结果产生着重要影响。也就是说，他人及社会中的各种言教对个体采取某种行为前的"思考"有着重要影响。言教不是简单的说话、写字，教育者的言教必须讲究艺术。在学校教育中，有很多为人师表的思政课教师对工作尽心尽职，对学生关怀备至，可是却不是十分重视对科学的教育方法进行探寻，对学生的接受心理的研究与观察不是很重视，对于"单向灌输"十分痴迷，对"精诚所至，金石为开"的古训的了解存在错误，总喜欢了无休止的空洞说教、絮絮叨叨的机械重复，往往会造成相反的结果，得不到预期的教学效果，最后"苦口"欲碎，"婆心"见违，但受教育者却对其传授的内容毫无兴趣、置若罔闻。

（二）思想政治教育的身教

《史记》中说"桃李不言，下自成蹊"。教育者的言教固然重要，但它与身教这两者之间并不是不分伯仲，而是身教重于言教，其主要原因是对真理进行宣传的人能够对真理执行到什么程度，能够对人们对真理的相信程度起到决定性作用。而且柏拉图在《理想国》中说："美德是一种，邪恶却无数。"所以，在人的灵魂中，占据比例最大的"欲望"必须接受"理智"的领导，这样才能实现人的正义。思想政治教育中倘若教育者能够身先士卒地践行道德规范，那么受教育者非常容易在情感上与之产生共鸣，想要成为遵守道德、有美德的人的道德欲望也会因此得到强化，能够克服与其冲突的其他感情及欲望，从而引发遵守道德的实际行为，乃至长年累月自觉地实行道德，最终变成一个具有美德的人。

思政课教师的"尊严"其实就是在自己言谈举止、所作所为，被同学们充分肯定的基础上树立起来的，在坚持真理，改正错误中树立起来的。一个没有学识的思政课教师，学生会轻视他，而一个品德不好的思政课教师，学生会鄙视他。在现实中，有个别教育者通常在面对受教育者的时候，以社会公认的、先进的做人规范来教导他们，而在自己的日常工作和生活中，则以自己所信奉或具有的做人规范做人，导致两种人格的形成。这是表里不一的表现，不仅难以让受教育者听其言，信其道，更会引起受教育者的反感。教育者应该要切记自己的每一个举动都是一面镜子，要想自己的"说"具有力量，一定要"做"得好，只有行为是正当的，其言语才能够具有说服力。行为超过了语言，语言才能做到掷地有声。当然，教育者的身教并不是要教育者逐个躬行自己的"所言"，而是自己的"所行"必须符合自己的"所言"，只有语言与行为相一致，人们才有可能真正地对你感到信服。

（三）言教与身教的关系

身教虽然重于言教，可是这并不意味着就可以不重视言教了。思想政治教育是做人的思想的工作，当受教育者出现各种各样的思想问题时，教育者必须先以言教为主要方式对其思想进行疏导和开通，使之晓之以理，克服心理障碍。所谓人言可畏、三人成虎也充分说明了"言"的重要性。言教与身教两者之间既有区别又有联系，是辩证统一的关系。

首先，身教不能脱离言教，对于身教来说，言教是其内涵、纲领及路标，而让受教育者相信其言教的内容是身教的目的。其次，言教不能脱离身教，身教是言教的释义、实践和行动，相对于言教来说，身教更加具体、生动、形象，甚至身教是对言教最生动、最逼真、最权威的解释，是一种无声的命令。正如17世纪的思想家王夫之所说："躬身是不言之教。"

俗话说"运用之妙存乎于心"，掌握科学的方法对提高效果、达成目标，起着至关重要的作用。言教与身教作为思想政治教育的重要方法，如果能够运用得好，可以实现预期目标，提高受教育者的道德水平，如果运用得不好，不仅难以实现其目标，而且还会适得其反，产生负面作用和消极后果。所以教育者不仅仅应该做到言之有理，而且应该做到反躬自身，身体力行。在思想政治教育中也是同样，每一个受教育者对教育者也是要听其言、观其行的，只有教育者自己先做到言行合一，受教育者才会信其言、从其道，内化各种优良道德，做一个有美德的人。

（四）言教与身教有效结合的途径

思政教育工作者要做到言教与身教有效结合，必须做到以下两点。

首先，必须努力使自己成为学习和实践马克思主义、宣传和贯彻党的路线方针政策的模范。努力学习党的路线、方针及政策，对要其进行宣传，并且要对其身体力行，是思政教育工作者党性原则的表现，也是一项基本的工作职责。所以，教育者必须处处为群众利益着想，时刻保持与人民群众的血肉联系，同任何破坏党的路线方针政策的行为作斗争。同时，还要用党的路线方针政策教育群众，使之变为群众的自觉行动。

其次，思政教育工作者还必须严以律己，在社会生活的各个方面起表率作用。不论是端正党风也好，进行思想教育也好，领导干部和思政教育工作者都必须以身作则，成为群众的表率。身教在先，言教才会更具有信服力，言教与身教有效结合才更能达到预期的教育效果。

三、榜样教育法

（一）榜样教育法的定义

所谓榜样教育法，就是从全体中选择出在某方面相对优秀的个体，强调其先进思想和优秀事迹，借此对其他个体进行指导和教育。在德育教育中，榜样教育的作用是不容轻视的，它具有示范性、生动性和激励性等特征。教育者要想自己的教育获得更好的结果，就必须要对上述特征有充分的了解，将受教育者本身的积极性激发出来，并且对受教育者的潜能进行挖掘。在恰当的时间采用适度的榜样教育法，对于教育者的个性发展与个人素质的提高可以起到促进的作用。要想让个体身心发展的需要得到满足，对人文理念进行完善，以此让受教育者的综合素养得到提升是必不可少的。

（二）强化榜样教育法运用的途径

1. 完善榜样教育法在思政课中的运用

（1）践行社会主义核心价值观

社会主义核心价值观集中体现了科学的社会主义核心价值观，滋养于优秀的中国传统文化，批判继承西方价值观的优良成分。社会主义核心价值观在宏观上为榜样教育的发展提供了清晰明确的方向保证。

榜样教育要坚持选树多种类型的榜样。社会主义核心价值观蕴含着国家、社会、个人多层次的道德要求，高校榜样教育选择榜样应当坚持多样化，展现热爱祖国、奉献人民的爱国精神，自强不息、砥砺前行的奋斗精神，与时俱进、锐意进取的改革创新精神，辛勤劳动、创造未来的劳动精神。

（2）思政课教师要自觉成为时代榜样

首先，思政课教师要不断提升理论文化水平，用新思想对自己的头脑进行武装，坚定理想信念，增强综合素质。

其次，思政课教师要提高自身道德修养，以德服人、以德育人。思政课教师不仅要教给学生理论知识，更要培育学生优良的思想品德。思政课教师要严以律己，以自身高尚的道德情操对学生进行潜移默化的熏陶和影响。

2. 发挥大学生自我教育的作用

学校要净化校园网络环境，营造健康的网络学习榜样氛围。随着科技的快速发展，互联网已经全方位渗透到大学生的日常生活当中。大学生身处的校园环境不仅包括实体的校园环境，还包括虚拟的网络校园环境。目前，各大高校几乎都有内部的网络共享平台，比如官方网站、微博、微信公众号等。互联网传播的广泛性、快速性、盲目性等特点都对校园网络环境的健康度产生一定影响。学校要充分发挥互联网的积极作用，利用网络宣传正面典型的积极影响。

（1）提升对榜样的认同

首先，大学生要加深对榜样的深层认知。一方面，大学生要关注不同类型、不同层次的榜样群体，不同类型、层次的榜样闪耀着不同色彩的光芒。除了要学习和了解与自身联系密切的榜样群体，大学生也要加深对其他层次榜样的了解，接受多种榜样精神的熏陶，促进自身的全面发展。另一方面，大学生要通过多种途径全面、完整的认识榜样。媒体对榜样的宣传和报道往往是弘扬其主要的精神品质，大学生要深入挖掘榜样事迹和榜样行为，要不断提高判断是非的意识和能力，避免因为认知的片面性而产生对榜样的误解和扭曲。

其次，大学生要提升对榜样的认可。党和国家对榜样进行评选和表彰，是由于其对国家和人民作出了巨大的贡献。社会对榜样精神进行宣传和弘扬是因为其代表了社会主义核心价值观，代表了社会主流价值方向。榜样模范人物计利国家、无私奉献、艰苦奋斗，促进了国家的富强和民族的振兴，是时代的楷模。大学生群体要对作出巨大贡献的人们给予鲜花和掌声，坚决反对攻击和侮辱。青年大学生要自觉避免不良文化思潮的影响，坚定社会主义理想信念，加强对榜样人物和榜样精神的认可度。

（2）用行动践行榜样精神

一方面，大学生要积极参与校内榜样教育实践活动。高校是榜样教育的主阵地，也是大学生成长和发展的主要平台。大学生要积极响应学校的号召，用行动支持榜样的宣传教育活动。积极参加校内榜样的评选和选拔活动，促进榜样选拔机制的民主性和透明化，发扬自身的主体性作用。支持和协助学校组织的榜样宣传活动，了解榜样事迹、学习榜样精神。尤其是党员学生干部要充分发挥示范引导作用，在学习生活中坚定理想信念，关心其他学生的生活与学习，并且在他们遇到困难的时候，为其提供帮助，成长为道德与品质都优秀并且乐于助人的学生榜样。

另一方面，大学生要乐于参加社会上的榜样实践活动，自觉在生活中发扬榜样精神。大学生不仅成长在高校环境中，更扎根于社会大环境中，是社会的一员。要积极响应国家号召，参与学习榜样的社会活动。积极响应国家政策，敢于到基层服务国家和人民，敢于在艰苦的环境中彰显自己的价值，大学生只有在奉献社会中才能真正实现自己的个人价值。

3. 形成尊重榜样和学习榜样的良好社会环境

（1）家庭教育中父母要做好榜样

家庭教育要注重家教。模仿是人的天性，榜样教育法更是依据人的模仿心理。家庭教育中父母要做好孩子的表率，担负起教育孩子的重任。上行下效，父母遵纪守法，孩子便不会罔顾法律；父母勤俭持家，孩子便不会铺张浪费；父母知书达礼，孩子也会文明礼貌。父母应该用实际行动对孩子进行教育，让其能够践行社会主义核心价值观，并且引导他们热爱祖国、热爱人民，传播优秀中华民族传统美德。

（2）营造浓厚的校园榜样教育环境

学校榜样教育宣传要常态化、多样化。榜样教育法在高校思想政治教育中的运用应该在日常的校园活动中就有所体现，而不是仅仅体现在思政课上。榜样教育的各个环节应当在高校活动当中常规化。组织学生参与榜样的选树和宣传既可以营造良好的氛围，又可以增强大学生对榜样的心理认同感和崇拜感。常态化的学习宣传榜样活动可以降低榜样教育的政治性和官方性，成为大学生自己的实践活动。榜样教育活动要打破传统自上而下的宣传模式，发挥大学生的主动性和积极性。学校还要支持高校思政课堂实践活动、学生会社团的课外活动，鼓励实践教学。

（3）政府要健全学习榜样的激励机制

政府首先要做好榜样正当权益的保障机制。榜样人物最基本的权益必须受到社会和群众的尊重和维护，这也是对榜样最基本的尊敬。政府要做好榜样人物的权益保障，从制度上保护榜样的正当权利，从根本上给社会大众一剂"定心药"。政府还要做好榜样行为的奖励机制，心理学家阿尔伯特·班杜拉（Albert Bandura）提出的"替代强化理论"为榜样奖励机制提供了重要的理论支撑。该理论认为，模仿者会因为看到榜样受强化而受到强化。如果学习者看到榜样主体因为榜样行为而受到表彰或奖励，那么他就认为自己也会得到奖励；如果看到榜样主体因为榜样行为而受到损害，那么就会认为自己也会受到损害。政府给予榜样行为的鼓励和奖励会成为一种积极的诱因，增加社会其他成员学习榜样行为的频率。

四、"融入式"实践教学方法

"融入式"思想政治工作坚持"以人为本"理念，注重潜移默化育人，切实开展高校第二思政课堂，鼓励实践教学，奉行因材施教原则，提升整体素养；利用人文关怀的养成融入，各种信息媒体的融入及思维水平训练的融入，在具体的实践教育工作中实现了显性和隐性的教育结合，同向联系与反向联系的结合，文化资源与教育资源的融合，以提高高等学校思想政治教学的实际效果，进一步开展高等学校的思政课的教育体制的革新。

（一）"融入式"实践教学

"融入式"思想政治理论课教学在原有的思想政治教学形式的前提下，利用人文精神培养的融入、信息技术教育的融入及创新精神的教育融入，构建了一种让大学生喜爱的生动有趣的思想政治教学方式。

1. 融入人文情怀培育

大学生的人文精神关系到人的情绪、生活态度和价值观各个层面，对于思想政治教育工作者而言，希望他们不但具有科学精神，而且具有良好的审美能力，还要具有优良的思想政治素养，学生的思想政治素养怎样，直接关系到国家的未来。人需要塑造灵魂，人文情怀融入思想政治工作，弥补了这一教育缺失。因此，要注重人文情怀的融入，探索思想政治教育的新模式。

天津大学 2015 级马克思主义学院硕士生班积极响应国家"全民阅读"号召，丰富学生精神文化生活，营造高雅校园文化氛围，定期举办"含英咀华，书香思政"高校大学生和高校教师读书分享会，笃行了"进德、修学、储能"的育人理念，在高校大学生和高校教师互动交流的过程中融入人文情怀，使学生在潜移默化中受到文学熏陶，综合素质得到提升；为进一步推进思政课教师教育改革，创新思政课教师培养模式，增强师范生"学高为师，身正为范"的思想意识，实现专业技能与行业要求的零距离，定期举办思政课教师基本功大赛，传承"百年大计，教育为本；教育大计，思想政治教师为本"的古训，把握学生思想动态和生活特点，立足学生实际，为学生提供良好的学习生活氛围，定期开展微视频大赛，在各种比赛与集体活动中进一步融入人文情怀。

除此之外，其注重专业内涵建设，注重人才培养，立足学科和专业建设，狠抓教风、学风、考风，实施诚信考场，全校范围内首次开展无人监考，得到老师、领导的一致认可。通过人文情怀的融入，达到了思想政治教育育人的良好效果。

2. 融入网络宣传媒体

网络技术强国的策略需要网络传媒把思想政治教育渗透其中。思想政治教学的新媒介必须同传统媒介融合，提高效率。现在微文化发展的速度很快，高校学生的选择面更大，假如仅把过去教学的内容和形式如法炮制，是很不容易产生效果的，应当正确把握现代高校学生的思维和行为方式，从他们现有的生活找到有效的方法。

所以，要接受大学生信息文化接收途径的新变化，积极参与创造网络电视、广播于一个整体的校内网络宣传新媒介，全面运用网络丰富的传输方法和科学的传媒技术，适应时代的需要，加强思想政治教育，建设校内新颖时尚的视听媒介生产和播放平台。加强他们的主人公意识，调动他们参与学校思想政治宣传教育工作的积极性。面对网络对当今思想政治教育的影响和挑战，各高校应坚持教育与服务相结合，调动学生参与的积极性，推进网络宣传媒体的融入，充分利用毕博网站，QQ 练习等方式进行形式多样、喜闻乐见的思想政治教育。

（二）实践教学的经验总结

在高等学校思政课教师的带领下，这种"融入式"的教学旨在加强高校思政课堂教育、具体的实践教育、信息教育的密切联系，显示思想政治教学的政治性、情感性、灵活性，全面、切实贯彻提高高等院校学生的思想政治水平，让他们能够健康成长。

1. 坚持"以人为本"的理念

高等学校作为社会主流思想意识形态主阵地和先进思想传播的前哨，承担着革新和发展思想政治工作形式的重任。而"融入式"的思想政治教育体制改革的创新必须满足人的全面发展的要求，既需要立足高校实际，坚持"全员、全过程、全方位"运行机制，面向全体、基于专业、强化实践、贯彻始终，一切从大学生的实际出发，又需要强化对学生人文情怀与认知能力的培育，在育人核心理念上坚持"以人为本"。

厦门大学在思想政治理论课实践教学过程中，实施思政教师带队，组织学生参加一系列实践教学活动，并取得了丰硕成果。从人的全面发展的视角，本着对人无声的影响的原则，切实实现尊重每一个人、关心每一个人和切身利益，激发人的潜能、激活人的创造力，并通过一系列摆事实、讲道理的启发性思维，满足学生的个性发展，使学生多方面的潜能得到充分发挥，促进个人的发展与整个社会的进步。并且，在教育之中融入我国的传统美德、心理健康知识、优秀历史故事等，不但提升了他们思想政治工作的有效性，还能达到"润物细无声"的作用。

此外，中央财经大学社会学系在实行本科生导师制的基础上，尝试让思想政治理论课教师从"经师"向"人师"转变，让思政课产生一个新型的联系，探索实践教学模式，并一直延续下去；开展了思想政治理论课教师引导下学生自主学习、高校大学生和高校教师平等交流的读书会活动，以社会科学和流行书目为载体，扩充学生的理论知识；通过定期举办学术沙龙，重点培养了学生的阅读、思考、分析、解决问题和交流表达的能力，锻炼了学生自主性、平等性、开放性的学习能力。通过开展高校第二思政课堂，进一步提升了实践教学的深度，开创了思政课程实践教育的新高度。

2. 坚持因材施教的理念

大学生思想政治教育工作如果要获得实际效果，就要求这一学科的思政课教师能够改方法，因人施教，提高整体素养，创新思想政治教育思路，以提升"融入式"思想政治理论课的针对性。思想政治教育的对象是在校大学生，"融入式"思想政治理论课教学体系的创新需要面向全体大学生，运用不同的思想政治教育方式，因时、因地、因人而异，正视矛盾的特殊性。

首先，针对不同阶段的工作任务开展教育，分段培养。学生思想的多元化决定了思想政治教育不同阶段教育方式的多样性，学校可根据学生入学时间的不同，确定不同阶段的教育目的和计划。学期开始，帮助他们制定好发展规划，在课程教育体制方面必须表现分阶段教育的思想。思想政治理论课教学内容须与时俱进，不断丰富学生的基本理论知识，促进学生学业水平的提高和学习能力的提升。中间关心他们的心理卫生问题，重视心理辅导，妥善处理好他们在校期间的各种心理问题，指导工作的重心放在对他们的实际工作的养成方面，助力学生把知识转化为能力，进一步提升学生整体素养。其间必须做好他们的就业培训工作，协助他们制定人生和职业发展的规划，进一步引导毕业生树立正确的就业观、择业观和创业观，正确掌握社会环境对人才的不同需要，积极创造全面培养人才的新局面。其次，针对不同的对象进行分门别类的教育。在学校生活中，有关部门必须重视对困难家庭学生的照顾和帮助，特别是对那些单亲家庭的孩子要给予更多的关爱，对他们的心理阴影给予疏解，帮助其树立正确的世界观、人生观、价值观，使其以更加积极健康的心态融入集体，使思想政治教育工作更富人情味，进一步提升整体素养。

（三）实践教学模式的发展特色

"融入式"思政课程在实践教学中实现了显性与隐性结合、正向与反向联系，也是高等学校思政课程体制的革新和大胆的探索。

1. 隐性教育与显性教育相融合

"融入式"高校思想政治教育工作达到了这一过程的整合，使整个校园的物质环境、精神文化环境和学校组织的各种活动与思想政治教育本身内容有机结合，实现了显性与隐性教育的结合。高校通过改革之后，学校的面貌、校园环境和人文精神构成一个完整景观，对于学生思想政治素养的提升也起到了至关重要的作用。所以思政课教师全面分析了高校的自然条件对他们影响，不仅将它作为一种物质形态，而且是当时高校育人课程的一个方面进行研发，在实践教育过程中让外界条件同学校精神文化氛围相协调，进一步提高思想政治工作的针对性和实效性。

"融入式"高等学校思想政治教育十分重视对高校文化方面与思政课程有关的隐性教育。假如高校的外界条件是高校精心谋划的自然环境，属于隐性思想政治教育的组成部分，那么学校的组织和制度则是一种显性教育因素。"融入式"高校思想政治工作的隐性教育在于营造一种充满整个校园的人文气氛，文化和人的精神方面的校园文化才是它的核心，这种文化才能表现高校的个性和本质，也就是真正的校魂。所以，"融入式"思政课程开发的过程中，立足于人的文化和精神方面的总建构，并且同显性的思想政治工作有机结合，经过高校的各种活动实现有效的培养教育学生的目标。

2. 正向衔接与逆向衔接相融合

正向衔接，即按照时间的同一性，依照从以往到目前、从过去到现在的时间次序，达到高等学校思想政治教育的改革和创新目标。如果不懂得过去，也就没有理解现在，也不要说懂得将来，所以，"融入式"高校思想政治教育重视实践教育的关系，不管是基本概念，还是理念的阐释，都必须向学生解读历史环境及现在研究领域的成就，只有在了解以往的思想政治教育的基础上，才能在思想政治教育方面有所创新。然而，逆向衔接也能出奇制胜，效果显著。所谓逆向衔接就是指从现代思想政治教育过程中出现的各种现象和问题为出发点，回溯以往，深入探索当代思想政治教育工作思想根源和历史文化的关系，进而实现现代与历史的高度统一。"融入式"教育方法在具体运用的过程中，把正向的衔接和逆向的衔接高度统一，在实践中使高校学生感悟深厚的思想道德文化内容，对高等学校的思政课程教育体制的创新也是一种可贵的探索。

3. 文化资源与教育资源相融合

为实现文化的教育价值，将其文化资源以各种生动活泼、学生喜闻乐见的形式引入高校思想政治理论课教学实践中；在整合文化资源的基础上，遵循思想政治教育的特征和原则，根据时代变迁的要求赋予文化资源以时代意义，进一步实现文化资源与教育资源的融合；文化资源与教育资源相融合的过程，不是对文化的简单梳理和对教育的简单过渡，而是一种自然的转化过程。在教学实践过程中，充分尊重学生主体对文化继承的自觉性和能动性，帮助和引导他们在文化学习过程中与教育资源相结合，践行知行合一，提炼精品并推陈出新。

第四节　大学生思政教育中融入 VR 技术

一、VR 的概念

狭义的 VR 技术是指：VR 全称（Virtual Reality），其中文名字叫虚拟现实，指借助于电脑或者融入式设备模拟出虚拟世界，提供给用户视觉、听觉、嗅觉、触觉的真实体验感，让人身临其境，达到一种超模拟的效果。广义的 VR 技术不仅涵盖狭义的内容，主要是泛指一切与之有关的能够实现模拟仿真的软硬件，以及所使用的技术与方法，例如"人工现实""虚拟环境""赛伯空间"等。VR 技术借助人机交互，达到现实与虚拟空间的有机转换，使人沉浸于逼真环境之中，实现部分或全部此效果的技术统称为 VR 技术。

二、VR 技术应用于思政教学中的作用

（一）突破了时间和空间上的局限

高校思政教育教学，尤其是实践教学，往往受到时空限制、教学资源分配不均等诸多因素影响。VR 技术视域下高校思政教育教学对于打破时空限制，为更好地节约教学资源提供了可行方案。VR 技术的应用完全使学生置身于一个沉浸式 VR 世界中，在这个虚拟现实的世界中完全打破以往时空的束缚，可以使教师足不出户完成相应的教学任务。与以往传统的实践教学相比，VR 技术视域下的

实践教学更加方便实效，有利于节约教学资源，并且能够使学生完全沉浸其中，接受逼真的教学信息。VR 技术的应用可以使教师在天津的课堂上带领学生参观南京中山陵的庄严肃穆，让学生对伟人肃然起敬；在北京领略泰山之巅的雄伟，让学生感受祖国山川景秀壮美；在河南接受井冈山红色文化教育，让学生接受革命文化的熏陶。VR 技术拥有强大的构想力、创造力、超现实力，远程虚拟现实强大功能，这就为打破时空限制、节约优化教学资源，为提高学生学习效率奠定了基础。

（二）丰富了教学内容，提高了教学效果

随着时代变迁、科学技术的飞速发展，VR 技术虚拟现实场景更加信息化、逼真化、人性化。教师通过 VR 技术虚拟书本上的人物事件，操控客户端，有重点、有计划、有目的地引导学生开展课堂教学。学生则完全可以通过 VR 设备与历史人物对话、参与历史事件。学生在虚拟现实的世界中以自然的方式与虚拟世界中的舞台进行交互，相互影响，从而产生身临其境的感受和体验。VR 技术的操作实施依附庞大数据库，学生在沉浸式 VR 情境中，可以通过 VR 设备主动检索大量信息，激发思维灵感，提高自身的动手动脑能力，大大提高思政教育教学的实效性，达到"思政＋信息技术"的创新。同时，针对思政教育课程中含有的抽象、难以理解的内容，VR 技术还能够变抽象为具体，将枯燥乏味的理论知识转化为通俗易懂的文字图片，从而大大降低学生的理解难度，通过化文转图，可以有效降低思政课课堂单调性、乏味性，缓解学生视觉疲劳。

（三）提升了学生的学习兴趣

传统思政教育教学，老师主要采用的是讲授式，学生通过阅读和聆听来获取知识。这种获取知识的方式只调动了学生听觉和视觉功能，学生兴趣不大，很容易陷入疲劳状态。VR 技术具有交互性、沉浸性和逼真性的特点，使思政教育的教学环境、教学方式和教学主体发生了新的变化，给学生带来视觉、听觉和触觉等感官的刺激，使枯燥无味、艰深难懂的教学内容生动化、可视化和具象化，产生一种身临其境的感觉，提升了学生学习的兴趣，提高了学生对思政教育的心理接受度。

（四）调动了学生的主观能动性

将 VR 技术应用于思政教育教学中具有明显的现实性。现在的学生大都从小开始接触互联网，对新技术和新媒体有一种亲切感，利用这种方式学习新知识，具有较好的效果，VR 技术将"看不见"的理论转换成"看得见"的场景，正符合学生学习的心理。"惟创新者进，惟创新者强，惟创新者胜。"① 当今时代是一个创新者的时代，VR 技术以创新思维和全新的视角，激发出思政教育活力，契合时代的发展需求，将真实的社会关系场景重现在屏幕之中，这让思政教育教学如虎添翼。充分发挥了学生学习的主动性。VR 体验是一种新的教学形式，通过创设具体的教学情境，使学生虽身在学校，却能体会资源所提供的虚拟情境，具有趣味性和参与性，学习由单向传递转化为双向互动，用心学习变为身心并用，充分调动了学生学习的积极性。

三、VR 在思政教育教学，的实施原则

（一）VR 技术教学形式多样

在新媒体新技术大环境下，"互联网+教育"盛行其时，极其火热。VR 融入高校思政课堂更是被大力提倡，实现技术与思政教育的高度融合，达到思政教学效果最大化的效果。在日益激烈的竞争环境中，诸多高校争相发力寻找自己的立足点，群策群力，搞科研、兴教育，打造独特的精品课程。高校在思政教育教学科研领域，注重立足现实，在创新中抓实效，在改革中探路径，在发展中谋生存。实现高校思政教育教学形式由单一化向多样化方向发展，采用丰富多彩，迎合学生求新创异心理，深受学生欢迎的高校思政课程。如若长期地实施单一的高校思政教育教学模式，不仅会使教师产生懈怠心理、故步自封、难以创新，而且易于让学生产生厌倦心理、抵触情绪，大大降低了学生求知进取的积极性，长此以往对学生思想政治教育的发展将产生难以估计的损失。

（二）VR 技术为思政内容服务

在高校思政教育教学过程中，将 VR 技术融入思政课堂，打破固有的高校思政教学弊端，在追求课堂教学实效性的基础上，进一步探索创新型课堂教学，寻求新时代下教学新形式。高校思政教育教学的初衷是内容为王、技术为用，应合理把控二者所占比重，防止舍本取末，因小失大。教育的本质是灵魂的呼唤，而并非纯粹知识的灌输，思政教育更是如此，其教学目的与本质制约课程设置，故而何为本、何为用，将无需质疑。思政教育教学无论从其初衷还是实质而言，皆是追逐教学实效性的最大化，时刻秉持"以人为本"，将教化与培养学生作为出

---

① 习近平. 习近平在欧美同学会成立 100 周年庆祝大会上的讲话 [N]. 人民日报，2013-10-22（02）.

发点、归宿点，其余都是配角。在思政教育堂上切忌盲目追求教学形式的新颖性、追求吸引广大学生眼球为目的，而过分夸大、凸显技术重要性，整节课以"机灌"为主，违背思政教育教学初衷。

（三）VR 技术为思政课教师服务

《师说》中说："师者，所以传道授业解惑也。"教师的教书育人、解疑释惑的主体地位一直未曾动摇。然而，新媒体新技术的横空出世，其优越性逐渐被世人认可，甚至无限放大，更有甚者"技术代替教师"声音萦绕耳际，并有一部分学者对此深信不疑。究其原因所在，不难引起我们反思与重视。教师作为思政教育教学双主体之一，其重要性不言而喻，无可替代。VR 融入高校思政教育教学，其利地引导、弊地规避，完全取决于教师，而非 VR 技术。"主体"与"渠道"二者关系的把控，在思政教育教学过程中所占比重，需要回归思政教育教学的目标与归宿。

四、VR 技术在思政教学中的发展前景

（一）VR 技术软件与硬件相结合

未来 VR 高校思政教室将打破传统三尺讲台教书育人模式，实现"互联网+教育"模式思政课堂教学模式。打造智能课堂、网络课堂，逐步实现思政教育教学由 PC 客户端向移动客户端转移，倾力打造全方位、全过程、全领域的精品高校思政教育教学。智能、科技、创新将是未来 VR 高校思政教室的设计理念追求，一改传统粉末灰尘铺天盖地的现状。VR 高校思政教室拥有配套的考勤系统，相较传统教师费时、费力的点名方式，更具便捷、精准、高效等优势。VR 高校思政教室将打破时空的束缚，实现零距离的网上课程教学，打破固有地域教学资源分布不均的现状，实现双一流高校、国外知名高校教学资源向普通专职院校转移。未来的高校思政教室更具人性化设计理念，完全实现以"人为中心"，在课程设置安排上合理地平衡教师、学生、VR 技术三者之间的关系。

（二）探索研究沉浸式学习方式

思想政治教育文本已经从传统的书本延伸到互联网，如"学习强国"App、公众号、小程序及相关网站等扁平化媒介，这些新媒体较大地提升了思想政治教育实效性，但因其在小区域屏幕上进行信息传递，信息量大、翻页频率高，用

户较难记忆。在课堂教学中，传统思想政治理论教育的教学形式单一，学生容易进入知识疲倦的接收状态，会直接影响学习效果。随着虚拟现实技术的普及，360°全景模式的学习场景逐渐被年轻人所接受。使用虚拟现实全景模式可以让用户沉浸在一个全封闭的环境中，在全景模式下，前后左右分别放置信息关联或者循序渐进的信息内容，用户在全景模式下会使注意力高度集中。使用虚拟现实头盔可以让学习者的两只眼睛关闭在密闭的虚拟现实盒子中，排除外界的干扰，有利于知识的传递和吸收，能够达到强化记忆的效果。营造思想政治教育的沉浸式学习环境是对传统教学环境的补充，可以提高学习注意力。

（三）VR思政课教师素质与技术创新应用相结合

教师作为学生的领路人，要贯彻立德树人根本任务，不断与时俱进，练就过硬本领、提高政治信仰、增强自律意识。未来的VR思政课教师应具备以下四个方面素养：一是方向要正，思政课教师无论借助任何辅助技术应用于课堂教学，必须坚定正确的政治方向，用习近平新时代中国特色社会主义思想教育学生，坚决落实立德树人根本任务；二是意识要强，VR技术是服务于高校思政课堂教学实施的一门应用型技术，其必然不能代替思政课教师的主导作用，思政课教师要树立正确意识观念，时刻把握好"VR+高校思政教育教学""度"的问题；三是落实要严，思政课教师要真学、真懂、真用VR技术，不断在技术使用、课件制作、效果反馈等方面，下功夫、追求实效，不断增强其自身使用VR技术创新意识、创新思维，时刻掌握辩证唯物主义和历史唯物主义两大法宝，学以致用解决VR课堂实际问题；四是借鉴要勤，思政课教师要不断借鉴其他学者、高校、部门VR技术成功经验，要不断借鉴相关前沿领域研究成果，不能闭门造车、故步自封，要与时俱进，时刻把握领域最前沿动态。

（四）挖掘VR交互性在思政教育教学中的应用

虚拟现实技术除了沉浸感和逼真感之外，还有良好的交互性，与思想政治教育的结合具有得天独厚的优越条件。虚拟现实设备分为专业设备和移动设备，专业设备均配备了交互设备，有交互手柄及其他特殊交互设备；移动设备通常使用手机屏幕触摸交互或者便携式VR眼镜进行屏幕凝视交互。在虚拟现实内容浏览过程中，实现媒体可交互效果，使用户主动动手操作，可以增加大脑兴奋度和提高大脑记忆效果。根据思想政治教育教学内容的逻辑，教师可在三维虚拟场景中设置多个交互对象，循序渐进，使用户进行游戏性探索，通过在场景中寻找物件获得知识，使用已获得的知识解锁新知识。此外，教师还可以把经典历史场景与思想政治教育相结合，融入学习主题，在课堂学习、知识普及宣传等多个渠道通过虚拟现实的形式进行游戏性内容植入，让教育教学从"以教师为中心"转变成"以学生为中心"，促使学习者主动学习，思想接纳循序渐进，从而吸引更多的参与者和学习者，让学习者从被动接受教育转变成主动引导自己接受教育。把被动转换成主动，可以很好地让思想政治教育理论更容易被掌握，成为新的辅助学习方式。多种感官的刺激，也使得思政课程变得更加有趣和生动。

（五）思政理论与 VR 技术相融合

未来 VR 思政教育课程将与时俱进，唱响新时代号角，成为学校倾力打造的精品智慧课程。VR 思政教育课程致力于"以学生为中心"，人性化育人，追求思政课程教学的时效性，真正达到"教"与"育"合二为一。VR 技术的虚拟现实性，打破了传统思政课教学模式，摒弃思政课固有弊端，实施沉浸式教学。以往"桃花源"仅仅呈现在书本上，活跃在学生的脑海里，现在却活灵活现地呈现在学生眼前。实现时空穿越已不是梦想而是现实，学生完全可以实现与"古人"对话，寓情于景，设身处地领略"桃花源"风光。学生和教师完全置身于虚拟空间中，切身感受 VR 设备模拟的气味、温度、气流等功能，实时模拟站、立、行、走，实现触摸和虚拟物体的反馈功能。另外，未来的 VR 思政课程已经不需要实体课堂，学生只需在宽敞、安全的空间，采用 VR 设备即可接受课程教学，可以实现足不出户接受 VR 思政课程，真正实现零距离尽知天下事。教师提前将制作好的 VR 思政教育"课程数据"远程发送学生，就可以实现远程操控，陪伴学生畅游知识海洋，这样无疑解决了缺课同学的补课难题。

参考文献

[1] 颜妍. 高校思政课程与课程思政协同育人研究 [J]. 安徽职业技术学院学报，2021，20（2）：93-96.

[2] 王燕飞. 高校课程思政协同育人机制建设研究 [J]. 时代报告，2021（03）：152-153.

[3] 黄秀玲，吴再发. 新时代高校思政课程与课程思政协同育人的路径探析 [J]. 福建教育学院学报，2020，21（12）：10-12；44.

[4] 刘燕. 高校课程思政协同育人机制的构建策略研究 [J]. 文化创新比较研究，2020，4（36）：30-32.

[5] 陈慧女. 高校思政课程与课程思政协同育人的生成逻辑 [J]. 高校辅导员，2020（6）：14-18.

[6] 涂刚鹏，刘宇菲. 思政课程与课程思政协同育人的三维路径 [J]. 学校党建与思想教育，2020（21）：50-53.

[7] 沈小雯. 高校思政课程与课程思政协同育人探析 [J]. 河南广播电视大学学报，2020，33（4）：63-67.

[8] 张宏. 高校课程思政协同育人效应的困境、要素与路径 [J]. 国家教育行政学院学报，2020（10）：31-36.

[9] 程兰华，张文. 西部高校思政协同育人机制构建研究 [J]. 牡丹江教育学院学报，2020（9）：46-49.

[10] 李浩. 新媒体时代高校思政协同育人模式研究 [J]. 法制博览，2020（20）：241-242.

[11] 范成梅，蔡胜. 新时代高校课程思政协同育人的困境与出路：历史合力论的视角 [J]. 锦州医科大学学报（社会科学版），2020，18（3）：89-93.

[12] 高峰，陆玲. 高校"思政课程"与"课程思政"协同育人的路径探索 [J]. 山东农业工程学院学报，2020，37（6）：178-180.

[13] 白玉. 新时代高校思想政治教育立德树人使命研究 [D]. 西安：陕西科技

大学，2020.

[14] 孙汝兵．广西高校课程思政育人机制研究 [D]．桂林：桂林理工大学，2020.

[15] 田靖．试论高职院校构建思政协同育人格局的必要性及措施 [J]．佳木斯职业学院学报，2020，36（5）：197-198；200.

[16] 蔡静，张艳．高校思政课程与课程思政协同育人模式探析 [J]．兰州文理学院学报（社会科学版），2020，36（3）：35-39.

[17] 李红革，张恒．"互联网+"时代湖南省高校思想政治教育路径创新研究 [J]．学校党建与思想教育，2018（24）：53-54.

[18] 李清霞．新时期高校开展思想政治教育的问题及对策 [J]．北极光，2018(12)：111-112.

[19] 郑铭．走向生活：优化思想政治理论课实践教学体系的策略思考 [J]．湖北经济学院学报（人文社会科学版），2018，15（11）：144-147.

[20] 牟波．新时期下高校思想政治教育教学方法的创新研究 [J]．东西南北，2018，（17）：137.

[21] 杨娜．思想政治教育在高校社会实践中的渗透策略 [J]．山西大同大学学报（社会科学版），2018，32（4）：24-26.

[22] 袁慧晓．高校思想政治理论课内实践教学研究 [D]．昆明：云南大学，2018.

[23] 范灵芝．高校思想政治教育实践育人策略研究 [J]．教育理论与实践，2018，38（9）：36-37.

[24] 王磊，李波．．新时期高校思想政治理论课实践教学实施策略探究 [J]．思想理论教育导刊，2017（10）：103-106.

[25] 邢大海．高校思想政治理论体验式教学应用策略 [J]．新西部（理论版），2017（1）：134；140.

[26] 陈玉葵．提高高校思想政治理论课教师素质途径探索 [J]．新西部（理论版），2016（24）：154-155.

[27] 颜世晔．高校思政教师情感修养的培育途径探析 [J]．高教学刊，2016（24）：196-197.

[28] 耿萍．高校思政课建设过程中的价值引领与思考 [J]．辽宁省社会主义学院学报，2016（4）：113-116.

[29] 刘翠．高校思想政治理论课实践教学改革探究 [D]．无锡：江南大学，

2015.

[30] 孟国芳. 基于第二课堂的高校思政课实践教学研究 [D]. 秦皇岛：燕山大学，2014.